Mala Jiaotong
麻辣交通

黄承锋 主编

人民交通出版社股份有限公司
China Communications Press Co.,Ltd.

内 容 提 要

本书以麻辣通俗的语言、简要的学理,分析全社会关注的一些交通热点,如交通拥堵、汽车品牌、黑车、交通能源消费、国际大通道等,适合大学生、交通相关从业人员、社会研究人士等阅读、品鉴。

图书在版编目(CIP)数据

麻辣交通 / 黄承锋主编. —北京:人民交通出版社股份有限公司,2015.9
 ISBN 978-7-114-12136-4

Ⅰ.①麻… Ⅱ.①黄… Ⅲ.①交通—研究 Ⅳ.①U

中国版本图书馆 CIP 数据核字(2015)第 057755 号

书　　名:	麻辣交通
著　作　者:	黄承锋
责任编辑:	刘永芬　陈　鹏
出版发行:	人民交通出版社股份有限公司
地　　址:	(100011)北京市朝阳区安定门外外馆斜街 3 号
网　　址:	http://www.ccpress.com.cn
销售电话:	(010)59757973
总　经　销:	人民交通出版社股份有限公司发行部
经　　销:	各地新华书店
印　　刷:	北京市密东印刷有限公司
开　　本:	720×960　1/16
印　　张:	13.5
字　　数:	200 千
版　　次:	2015 年 9 月　第 1 版
印　　次:	2015 年 9 月　第 1 次印刷
书　　号:	ISBN 978-7-114-12136-4
定　　价:	36.00 元

(有印刷、装订质量问题的图书由本公司负责调换)

序

魏童龄

人行物流、生产迁徙、驿路官道、商旅使节、舟楫车载、兵戈铁骑、飞鸽传书、亭台赋诗、漫步太空、游潜海底……交通伴随人类活动，不断延伸、拓展；人类无时无刻不以某种方式相互交流和沟通，也就必然无时无刻不以某种方式遭遇交通、遭遇到交通问题。而这些交通问题，我们既熟悉又陌生：熟悉是因为这些问题我们在生活中常常遇到，陌生是因为这些问题往往很专业。

重庆交通大学黄承锋教授领衔编写的这本著作，以生活的视角分析和解读专业性的交通问题，以交通工程和经济学的原理与方法，解释生活中的各种交通现象，目的就是要在"熟悉"和"陌生"之间打开一个交通要道，兼顾专业性与生活性，力求学术性与情趣性的统一，以达到既可供专业人士研究参考，又可供一般读者欣赏玩味的目的。

"麻辣"是国人生活中"五味"的基本元素、中餐文化中常见的调料、重庆菜和川菜的显著特征，对中国人来说是最普通的东西，也是最能代表国人生活的符号，可以让你觉得无比亲切并从心底里打动你，这也反映了本书的生活特性。"交通"是人类经济社会生活中人与人、组织与组织、国家与国家之间交流，人流、物流沟通的一种载体，是一个体现专业性、反映功能性的概念，反映了本书的专业特性。从本书的书名就可以看出，本书关注的内容与我们的生活息息相关，研究的交通问题纷繁复杂；但作者却运用重庆麻辣火锅的智慧，把复杂的问题简单化（把复杂的问题简单化是重庆麻辣火锅的鲜明特点）。其他餐饮方式，无论蒸煮炒烹煎烤焖，很难把纷繁众多的食材、调料一锅给容纳并包，很难把复杂的问题简单化，但重庆火锅能，本书的作者也能。这也正是本书的可贵之处，对于专业人士，为你提供了丰富的案例、独到的视角、新奇的见解，让你收获学术感悟或专业启迪；对于一般读者，可以带你进入学术领域，感受如何用学术的方式去思考生活中的问题，学会更理性地生活。另外，本书的插图精美新奇，有如重庆火锅的蘸料，让你特别过瘾。总之，开卷有益，读读本书，一定会获益匪浅。不信，你读一读就知道啦。

目录 CONTENTS

城市之疾——交通拥堵之病因……………………… 2

城市之疾——交通拥堵的治理……………………… 22

黑车之惑——供需视角看管制……………………… 32

前"腐"后继——交通领域里的权力寻租现象 … 44

国贸通途——透视重庆国际大通道………………… 78

阿喀琉斯之踵——交通能源消费透视……………… 96

王者之道——汽车品牌营销………………………… 118

汽车金融——汽车产业发展的助推器……………… 138

非"钱"勿"跑"——高速公路的收费…………… 154

交通杀手——交通运输危害性评估………………… 176

节能增效——甩挂运输的可持续性………………… 194

城市之疾——交通拥堵之病因

A Serious Disease of City—Traffic Congestion and Its Pathogenesis

谢欣吟绘图(重庆一中高 2015 级 27 班)

世间本无此病,欲望多了,活动多了,病就来了。

黄承锋

城市之疾——交通拥堵之病因

> 北京的车呀　堵得无奈
> 北京的路呀　越来越窄
> 震撼啊　马路变车场
> 车里都得　备盒饭
> 上厕所憋得　那个把呀尿布带
> 乌压压一片　成风景线
> 夜堵车的绚丽呀　是最奇观
> 车就堵哇堵哇堵哇　水泄不通
> 往哪儿开
> 唉嗨唉嗨哟
>
> 车啊车啊　可怜的车
> 路啊　可恨的路
> 给北京增添了多少烦恼和无奈
> "堵城"让人捶胸顿足　该把谁怪
> 哭笑不得　该把谁怪
> 唉唉唉

2010年9月17日,小雨,北京全城大堵车,交管局路况信息图上几乎是一片红色,北京人唱出了这首MTV《北京的车——北京大堵车首都变首堵》[1],地球人都知道,北京天天堵车啊,世界首堵!

汽车改变了世界,给人类带来了物质和精神的极度享受,但同时也带来了社会疾病,"交通拥堵"已成为与相对贫困、亚健康、环境污染等问题并列的"城市病"。

一、"城长的痛苦":交通拥堵成为城市之大病

1.中国城市的拥堵在不断加剧和扩展

公安部交管局资料显示,至2013年底,我国机动车保有量突破2.5亿辆。从2003年到2013年10月间,我国汽车保有量增长迅速,从2400万辆增长到1.37亿辆,近十年汽车年均增加1100多万辆,是2003年汽车保有量的5.7倍。2014年国内千人汽车保有量估计会到90辆左右,根据国际通用的标准,我国许多城市已进入汽车社会(每百户居民汽车拥有量达到20辆以上,标志已进入了汽车社会)。我国刚刚进入汽车社会的初级阶段,确有惊人的表现:全国667个城市中,有三分之

---

[1] 阅者(词)、冯世全(曲).优酷网视频,http://v.ku6.com/show/LX4hB6h7CddmolbY.html.

二的城市在高峰时段出现交通拥堵。北京、上海、广州、深圳等特大城市,已经车多为患,交通拥堵十分严重。

重庆(西部):随着城市规模的扩大,城区人口迅速增长,机动车快速增长,主城的交通拥堵已经逐渐凸显。据重庆交通规划院统计,2012年主城内环以内干道高峰时段,车辆平均时速为24.9km/h。其中早高峰时速25.8km/h,晚高峰时速23.9km/h。对比北京、上海、广州、香港等城市,重庆主城区干道高峰小时平均车速处于较高水平。主城高峰时段易发生拥堵的主要道路有14条,与2011年相比,主城大部分道路的高峰小时流量有所增加。主城道路基本畅通,但高峰期间瓶颈路段压力大、易拥堵。瓶颈主要包括五大商圈、跨两江桥梁、穿两山(中梁山、铜锣山)隧道以及部分重要干道。主城五大商圈的环道是交通拥堵的重点路段,早高峰时段车速为每小时20.5km,晚高峰为每小时16.8km,晚高峰最堵的是沙坪坝商圈环道,平均时速仅15km/h,最畅通的是解放碑商圈,时速达到19.4km/h。

武汉(中部):据武汉城市交通管理研究所调查,武汉市工作日总体交通运行处于"轻度拥堵"等级,与2012年相比,2013年工作日总体交通运行情况较去年有一定程度的恶化,主城区全路网平均拥堵时间为3小时,较2012年(1小时45分钟)增加了1小时15分钟。工作日早高峰路网平均车速为22.1km/h,晚高峰路网平均运行车速为21.3km/h,与2012年基本持平。武汉市主城区7个行政区中,由于商业繁华、老城区多,江汉区的拥堵最为严重,其次为江岸区,晚高峰时段进入严重拥堵。

北京(东部):首都已被公众冠名世界"首堵",据北京市交管部门调查,在2013年,北京工作日平均每天堵车1小时55分钟,由于出行总量比2012年增长了2.2%,且小汽车比例也略有增长,故2013年道路运行情况不如2012年,工作日平均每天多堵25分钟。北京市早晚高峰路网平均速度分别为27.4km/h和24.2km/h,比2012年提高了2.6%和3%。北京二环路以内的城市中心区是交通拥堵最严重的地方,一些路段的车辆通行速度已降到10km/h以下,个别路段甚至降到5km/h以下,比步行速度(5~7km/h)还慢。北京三环路以内110条主干道路,其中有80多条道路交通流量达到了饱和或超饱和状态,导致交通严重拥堵。

广州:据广州有关部门调查,2013年以来,广州中心城区主干道一级道路晚高峰平均车速同比下降9.6%,全网晚高峰平均车速逼近20km/h的国际拥堵警戒线,其中平均车速低于每小时20km的主干道占27%。中心城区交通供需矛盾加剧,交通压力较大,晚高峰时段交通拥堵问题突出,2013年,广州最堵车时段是每天18时15分左右。

2.世界各地城市的拥堵也远未解决

城市交通拥堵并不是我国所独有的问题,我们得的是汽车过度使用的"传染病"。

美国:是汽车最多的国家,也是拥堵的重灾区。据美国考察报告,美国人2013年堵在路上的时间总计55亿小时,因此产生的时间和油耗成本达1210亿美元。首都华盛顿是名副其实的"首堵",连续第二年成为最拥堵城市,每位驾驶人全年因拥堵而额外浪费的时间累积67小时,洛杉矶市、旧金山市、纽约市和波士顿市紧随其后。

欧洲:据英国《每日邮报》(Daily Mail)日前披露了2012年欧洲最拥堵的十大城市,伊斯坦布尔这个土耳其最大的城市拥有欧洲最拥挤的街道,在交通高峰期,堵车时间比非高峰期要长57%,4月份,该城市经历了近年来耗时最长的大堵车,在Ataturk桥上汽车长龙排了72个小时。其他主要的交通拥堵城市包括波兰华沙、法国马赛、意大利的巴勒莫和罗马以及法国巴黎等。

英国:据全球汽车导航第一品牌TomTom在其季度拥堵指数报告中表示,"2012年与欧洲相比之下,英国城市交通状况倒勉强说得过去。高昂的汽油价格和交通管制措施(如拥堵费)有利于减少市中心的车辆。"利兹—布拉德福德作为英国最拥挤的大城市,也仅在欧洲交通高峰期最拥挤的60个城市中排名第17。此外,欧洲堵车排行榜前60名中,仅有9座是英国城市,并且仅有利兹—布拉德福德和伦敦排在前20名之内。

印度:据联合国统计资料显示,全球20个最拥挤的城市,印度占了5个,包括孟买、加尔各答、金奈、新德里、班加罗尔。由于孟买的东西南三面环海,陆路交通发展严重受限,交通拥堵已成为市民最为头疼的一大问题。

3.交通拥堵为什么是城市病

城市是由多种系统构成的复杂有机体,行使6大功能:生产、服务、管理、协调、

集散、创新。没有功能,就没有城市的存在,哪个功能都不能离开交通的支撑,集散功能实际上就是交通功能。长期的交通拥堵,会直接阻碍城市功能的正常发挥,直接降低人们生活质量,严重影响城市的"健康",城市——就生"病"了,人们干脆就称其为交通拥堵病,现代城市的超规模发展则让"病"越来越严重了。

二、怎么诊断交通拥堵"病"

不同的国家和地区,对交通拥堵标准的评判略有差异,但按照速度来判别是一致的。根据我国公安部《城市交通管理评价指标体系》(2008年),道路交通畅通程度一般分为畅通、轻度拥堵、中度拥堵和严重拥堵四种,后两种统称为拥堵(表1)。

道路交通拥堵判断标准❶   表1

拥堵程度	畅通	轻度拥堵	中度拥堵	严重拥堵
主干道	道路平均行程速度(km/h)			
	≥30	[20,30)	[10,20)	<10
信号控制交叉口	信号灯绿灯显示次数			
	=1	(1,2]	(2,3]	>3
无信号控制交叉口	排队长度(m)			
(环形交叉口、立交)	[0,100)	[100,250)	[250,400)	≥400

按照上面的标准,通常行车速度低于30km/h就进入拥堵状态了。一般来说,人行速度小于10km/h,这里定义的"严重拥堵"状态(即,行车速度低于10km/h),即说明人与车差不多快!当然,也有许多人说,30km/h都觉得很慢了,是啊,目前的标准可能只能定成这样,大家一起努力治理拥堵,将来使标准更符合我们的感觉吧。

三、"巨痛":交通拥堵"病"的代价

长期和严重的交通拥堵,会给全社会带来巨大的代价,即社会成本。阿诺特和斯莫(Anott and Small,1994)测算美国39个大城市每年拥堵地区的驾驶成本大约为人均640美元,合计480亿美元;日本国际协力事业团(Japan International Co-

---

❶ 资料来源:重庆市城乡建设委员会,重庆市设计院.畅通主城行动计划——交通基础设施建设计划.第三章 主城中心区道路畅通建.2011.

operation Agency)计算,泰国曼谷由于拥堵造成的损失达到了其潜在产出的三分之一;中国社科院数量经济与技术研究所张国初计算,北京交通拥堵造成每天社会成本4000万元,每年的损失就达到146亿元。

1. 交通拥堵的所有代价(成本)

要准确量化交通拥堵的所有代价(成本),是十分复杂的,一般采用直接损失(会计成本或显性成本)统计和间接损失(机会成本)估计的办法。按照承担代价的对象,交通经济学家将交通拥堵的所有代价(成本)分为2大类,即内部(私人)成本和外部(社会)成本。

内部(私人)成本,指机动车使用者需要承担的交通拥堵造成的损失和其他费用组成,包括时间机会成本、额外燃油消耗、汽车损耗、交通事故以及身心的伤害。在外部(社会)成本中,机动车使用者不直接承担的经济代价,而由全体(全球)居民承担,比如噪声、空气污染(图1)。

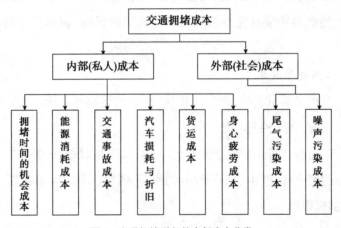

图1　交通拥堵引起的全部成本分类

2. 拥堵的时间代价(成本)

时间是不可再生资源,现代社会不能缺时间,拥堵时坐在车里白白地消耗时间,有事不能干,眼看机遇流失,付出的代价有时无法估量。

拥堵的时间代价(成本)只能用机会成本的方法来测算,即因拥堵不得不放弃的最大获益。考虑到不同的出行目的和不同收入人群因为拥堵放弃的最大获益价值是不同的,按照工作、其他非工作出行、上学出行的目的和不同收入的平均工资水平来估算不同出行方式的人均出行成本,再相加即可。

3. 拥堵的能源消耗

拥堵时坐在车里,不仅白白地消耗时间,还有能源的直接消耗,这些消耗不但造成了无效浪费,而且还污染环境,对我国这样一个一半石油依赖进口的国家,真是太令人痛惜!

交通拥堵所带来的额外能耗量为拥堵时间段内产生的,拥堵时间段内的能耗量减去这段时间里畅行的能耗量,即可得出额外能耗量,还要包括缓行成本、踩制动、点油门等导致的成本。

4. 汽车的损耗和折旧

交通拥堵时汽车频繁在不同速度间切换,频繁的启动制动、加速度会使油门、制动、离合等部件损耗加快,带来部分的设备损耗成本,导致汽车折旧加快。发动机转速低时润滑差,磨损也大,在拥堵的路面条件下,汽车发动机长时间低温低速运转,使燃料不能够完全燃烧而加快积炭的形成,影响发动机的使用性能和寿命。

5. 生理、心理疲劳成本

拥堵时,汽车发动机轰鸣,喇叭声刺耳,使人们更容易急躁,心理压力增加,导致血管变窄、血流不畅,殃及心脏。

拥堵时,交通参与者长期处于狭小的空间,保持相对单一的姿势,处于紧张的心理之中,舒适度下降,产生了不同程度的疲劳,通过一定时间的积累,最终会对身心健康产生消极影响。

6. 交通事故成本

拥堵带来行车密度增加,车辆前后、左右距离变小,较容易引起车辆剐蹭、汽车追尾等交通事故。事故的货币成本,可采用保险公司以一定标准评估的人身伤害和物质损失价值(目前欧洲对生命价值的统计为150万欧元),但这种评估方式是以平均数额为依据的,往往低估事故中人员受伤所造成的社会价值损失。

7. 货物成本

这是对道路交通拥堵造成的货物运输增加的成本(即损失)进行的估算。实际上,货物(包括原材料、半成品、产品)的延迟交出,意味着生产或交易的延迟、产品价值或增值无法实现。不同产品的增值不同,一般采用货物所代表的资金时间价值的损失来做平均性质的计量。

货运成本的损失大小主要取决于每日延误总车时、货运用车比重、货运单位时间价值以及年工作天数等变量的变化。

有时候,还可能发生其他成本,如货物的市场机会损失、货物在运输过程中的损坏,这些成本其实也是拥堵造成的,当然应该计入。

8.尾气污染成本

尾气污染严重影响全社会,尾气污染成本是一种可计量的外部成本(图2)。

图2 汽车排出的尾气污染

汽车尾气的主要污染物为碳氢化合物(HC)、氮氧化合物(NO_x)、一氧化碳(CO)、二氧化硫(SO_2)、含铅化合物(Pb)、醛及固体颗粒物等,能引起光化学烟雾等。HC 和 NO_x 在大气环境中受强烈太阳光紫外线照射后,产生一种复杂的光化学反应,生成一种新的污染物,形成光化学烟雾。1952年12月伦敦发生的光化学烟雾污染,4天中死亡人数较常年同期约多4000人,45岁以上的死亡最多,约为平时的3倍,1岁以下的约为平时的2倍。事件发生的一周中,因支气管炎、冠心病、肺结核和心脏衰弱的死亡人数,分别为事件前一周同类死亡人数的9.3倍、2.4倍、5.5倍和2.8倍。

有关专家统计,到21世纪初,汽车排放的尾气占了大气污染的30%~60%。随着机动车的增加,尾气污染有愈演愈烈之势,由局部性转变成连续性和累积性,而各国城市市民则成为汽车尾气污染的直接受害者。尾气引发呼吸系统疾病,造成地表空气臭氧含量过高,加重城市热岛效应,使城市环境转向恶化。

上面提到的尾气主要由温室气体和污染气体两大部分组成,温室气体成本可以通过碳权交易❶价格进行计算。污染气体则通过分析机动车额外排放量占全社会排放总量的比例,结合治理费用测算。

9. 噪声污染成本

声音超过一定的频率范围就成为噪声,严重影响全社会。在我国,小汽车的噪声污染为82~85分贝,载重汽车、公共汽车的噪声为89~92分贝,汽车喇叭声则高达105分贝。过大的声音影响居民的休息和生物钟,损害身体健康。

估算交通拥堵噪声造成的经济损失非常困难,目前还没有统一的标准,但可以通过计量人们减少或治理噪声所花费的代价来衡量,其实也就是机会成本的办法。较为常见的方法有:

①为缓解、消除、预防噪声问题,采取相关措施所需的花费,如图3设置隔离墙的投入;

②通过调查,了解人们为避免噪声问题愿意花费的金钱数额;

③采用特征价格法,了解与噪声有关的物品价格变化情况;

④噪声引起的医疗花费和生产损失。

四、号脉:诊断交通拥堵"病因"

找到病因,然后对症下药,是治病的根本途径。

交通拥堵一词,往往被看成是交通部门的事,自然也就在交通范围寻求解决办

---

❶ 扩展知识:碳排放权交易的概念源于20世纪经济学家提出的排污权交易概念,排污权交易是重要的环境经济政策,全球碳排放市场诞生的时间应为2004年,交易方式是:按照《京都议定书》的规定,协议国家承诺在一定时期内实现一定的碳排放减排目标,各国再将自己的减排目标分配给国内不同的企业。当某国不能按期实现减排目标时,可以从拥有超额配额或排放许可证的国家购买一定数量的配额或排放许可证,以完成自己的减排目标。同样的,在一国内部,不能按期实现减排目标的企业,也可以从拥有超额配额或排放许可证的企业那里,购买一定数量的配额或排放许可证,以完成自己的减排目标,排放权交易市场由此而形成。中国有三家最主要的环境交易所:北京环境交易所,上海能源交易所,天津排放权交易所,深圳、武汉、大连、河北、厦门、贵州也有碳交易所。

法,头痛医头、脚痛医脚,这是西医的一贯思维,而没有看到拥堵是一个社会病,需要用配备微距镜头、标准镜头、广角镜头、变焦镜头、透视镜头等多种"镜头",从多角度、多维度考察——拥堵微区域道路交通系统、拥堵区域交通系统、拥堵城市社会经济系统整体3个域度,才可能找到病因。下面我们用中医的思维,由局部到整体来把脉吧。

图3　道路隔音墙(图片来源:http://www.bmlink.com/pro/proimg7013807.html)

1.拥堵微区域道路交通即相关系统:道路行车空间设计不合理,管理不规范,混乱致堵

指发生拥堵的局部道路交通设计问题和道路行车组织问题。

以重庆市南岸区学府路为例(图4),这是市内一个长期的堵点。道路行车空间被4个方面的原因压缩。一是公共交通停车占道;二道路开口多,道路横向干扰;三是行人不按规则上路行走;四是商贩违规占道经营。这种状况可在很多的拥堵路段可以看到,既典型,又普遍。

除了上面的4个问题,属于局部交通设计的问题,还包括:道路容量不匹配、红绿灯控制不协调、道路经常开挖占道等等,只要是设计、管理不科学就必然引起堵塞。

当然,还有车辆事故及其事故处理不及时,驾驶人总是将车停在道路上争论不休,导致交通大堵塞现象时常发生。若不及时处理,会带来道路交通拥堵、连锁交通事故甚至区域交通瘫痪等一系列问题。这是车辆使用者本身引起的堵车,目前我国汽车文明程度不高,这个原因引起的堵塞时常发生,数量较多,所以,有人指出"从深层次说,汽车文明的缺失的确是导致交通拥堵的一个最主要原因"。

图4　重庆市南岸区学府路

2.拥堵区域交通即相关系统:设计和管理的不合理,碎片化,紊乱致堵

交通系统的设计是百年大计,一旦成型,就难以更改。

以重庆市菜园坝地区为例,这里高峰期通行车速仅为10km/h,属于严重拥堵地区,原因有很多。

菜园坝地区,是菜园坝火车站、菜园坝汽车站人流聚集地(图5),但人流、车流的组织设计不尽合理,特别是其与城市公共交通的组织,没有体现"零距离"的要求,而是相互干扰。

图5　重庆市主要内外转换枢纽菜园坝地区俯视图

市民进出火车站、汽车站,要穿越道路、站前广场,形成对车流间相互干扰,人行距离达300~400m。而站前广场被应用于社会小型车辆的停车(系小运量换乘),空间资源没有提供给公共交通(系大运量换乘)与火车、汽车站的衔接,公共交通在火车站、汽车站周边以路为界,分散布局,形成多点相互干扰,直接导致拥堵。

其实,菜园坝地区做这样的布局,根本上是由管理体制决定的,包括铁路、公路、城市道路管理的分离,没有形成综合运输管理体系,利益难以协调,是典型的管理体系不合理致堵。

3. 拥堵城市社会经济系统:经济社会布局不合理,"无效(但消耗增加)出行"加大

合理的经济社会布局,应既要满足经济社会聚集的需要,又要满足工作地点、生活地点的合理化距离的需要,以达到整体上使全社会出行距离最短。

无效出行主要体现在两个方面。一是工作地点与居住地点的分离;二是工作(产业)链上的各工作(产业)分离。过去,人们的工作地点与居住地点设置在一处,可步行上下班。但现代社会,人们的工作地点与居住地点严重分离,需要公共交通和小汽车解决,既消耗大量的时间,又浪费大量的能源、资源。是不是过去的人们比我们更有智慧?

以我国著名的河南省内乡县衙为例。县衙建于1304年,建筑自南向北主要有照壁、宣化坊、大门、仪门、吏、户、礼、兵、刑、工六房、大堂、门房、屏门、二堂及两厢、刑钱夫子院、穿廊、三堂及两厢、东西花厅、东西库房院和后花园,有寅宾馆、衙神庙、土地祠、皂壮快三班院、典史衙、县丞衙,有膳馆、监狱、吏舍、主簿衙等,如图6所示。一句话,全县的主要首脑(知县、县丞、主簿、账房、夫子)的办公、生活均在这一个建筑群里,上班、下班的交通距离几乎为零,即工作出行量极小化。可惜目前这样的建筑群保留不多,这样做设计的就更少了。

内乡县衙建于1304年,至今已有702年的历史,但其设计的理念却并不落后。占地400亩,有房舍280余间,首脑"知县、县丞、主簿、账房、夫子"和部委"吏、户、礼、兵、刑、工"均在衙内,应该说当时的所有政务、会议都能在一个建筑中处理了,是不是现在"一站式办公"的鼻祖?这座建筑群使用到新中国建立,县政府机关一直在里面办公,20世纪80年代才迁出,说明其具有的不凡之处。

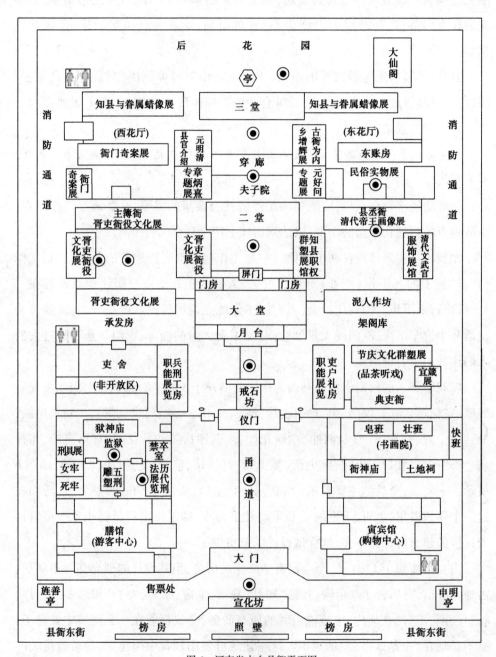

图6 河南省内乡县衙平面图

城市之疾——交通拥堵之病因

以汽车为主的现代社会,让职和住之间越来越远,形成了上下班高峰、低谷——潮汐现象,浪费了时间和社会资源,图7是美国旧金山市的下班拥挤车流,另外一个方向几乎没有车,但早上上班时情况相反,仅道路资源就可以说是一半的浪费。

图7　美国旧金山的上下班潮汐拥挤车流

现代社会的运行需要大量的工作协作,企业、工厂内部的布局对运输距离是有所考虑的,但城市呢?全社会的布局呢?恐怕值得研究。

4.交通方式选择的不合理——非集约化,低效率,浪费严重

现代社会离不开现代交通工具,但由于资源的有限性,资源利用最省的工具应该是最优的选择。现在,小汽车是人们的最爱,这个模式是最省的吗?

交通方式与道路占用,图8显示了小汽车、人行、公交车3种不同交通方式对道路资源的占用状况。小汽车的平均占地面积为 $12m^2$(宽2m,长6m),公共汽车占地面积为 $30m^2$(宽2.5m,长12m),自行车占地面积为1.75平方米(宽1m,长1.75m),行人占地面积为 $0.3m^2$。一辆长12m的公共汽车往往可以载运70名乘客,而一辆小汽车最多只能乘坐5人。显而易见,公共汽车的乘载效率远高于小汽车,小汽车占用了大量的道路和空间资源,浪费严重。

从单位能源的消耗、单向输送能力衡量,小汽车处于比较劣势。

轨道交通(含轻轨):一般每列车全载时约有旅客2000人,每小时单向运送能力达1万~8万人次;单位能耗小,为2~3千瓦时/车公里(根据GB/T19754—2005),换算燃油约为0.7~1L燃油/车公里,能耗约为0.00035~0.0005L燃油/人公里。目前是世界各国(特)大城市交通干线的首选。

BRT(快速公交):普通 BRT 车辆核定载客为 70~100 人,3000~45000 人次/单向小时,能耗约为 0.26~0.35L 燃油/车公里,或为 0.0026~0.005L 燃油/人公里,近年成为世界各国城市交通干线的又一主要选择。

图 8　交通方式与道路占用图

常规公交车:即普通的公交车辆,500~6000 人次/单向小时,常规公交满载约为 50 人,能耗约为 0.4~0.6L 燃油/车公里,或为 0.008~0.012L 燃油/人公里,是世界各国城市交通的主要选择。

私人小汽车:运送能力最小,载客一般为 1~5 人,运力为 100~1500 人次/单向小时,能耗极高,为 0.06~0.18L 燃油/车公里,或为 0.012~0.18L 燃油/人公里,目前我国和世界各国特、大、中城市交通均限制其使用。

然而,不容乐观的是,私人小汽车成为越来越多的城市居民出行首选的交通工具。

洛杉矶拥有 650 多万辆汽车(其中小汽车为 500 多万辆),平均 1.46 人拥有一辆汽车,是美国交通最为拥堵的大都市区之一。1998 年洛杉矶都会区私人汽车交通出行量占总出行量的比例高达 96.6%,而公共交通出行量占总出行量的比例仅为 3.4%。即使在上下班高峰时间,公共交通出行量占总通勤出行量的比例也只有 8.5% 而已。公共交通使用者主要包括老、弱、病、残、少数民族和穷人,其平均行驶速度仅为小汽车平均行驶速度的一半,即 19km/h。2001 年洛杉矶都会区平均每人每年由于交通拥堵造成的耽误时间为 56 小时,浪费的汽油为 84 加仑,拥挤费用为 1000 美元。

日本东京是拥有约 1200 万人口的国际大都市,人口密度约为全国平均数的 16 倍,汽车拥有量约为 550 万辆,平均每两个人拥有一辆机动车。

北京市私人小汽车保有量为 520 万辆,拥有 2114.8 万常住人口(2013 年),平均每4.07人就有一辆私家车。我国曾经号称自行车王国,自行车流是城市上下班的风景,但据2010年《关于北京绿色出行体系建设情况的调研报告》显示,当前北京的自行车出行比例在下降,目前只占8%;与此相对应,小汽车却承担着大量的短距离出行。在北京低于5km的出行中,小汽车占到40%,私人小汽车年均行驶1.5万公里,是伦敦的1.5倍,是东京的2倍多,而在核心区的使用比例更是远高于世界城市。

重庆市主城区近年来,私人小汽车量迅猛增加,平均每7.62人拥有一辆小汽车。2013年,主城区机动车389.9万辆,汽车48万辆,其中私家车保有量为117.28万辆,较2012年增长14%,私人汽车拥有量占汽车拥有量比重的46.2%。私家车分担率不断增长,2013年较2012年增长了8%(图9,图10)。

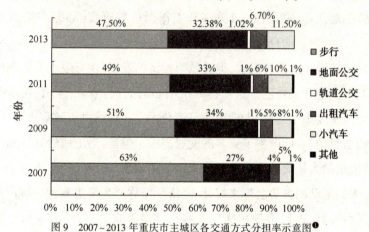

图9　2007~2013年重庆市主城区各交通方式分担率示意图❶

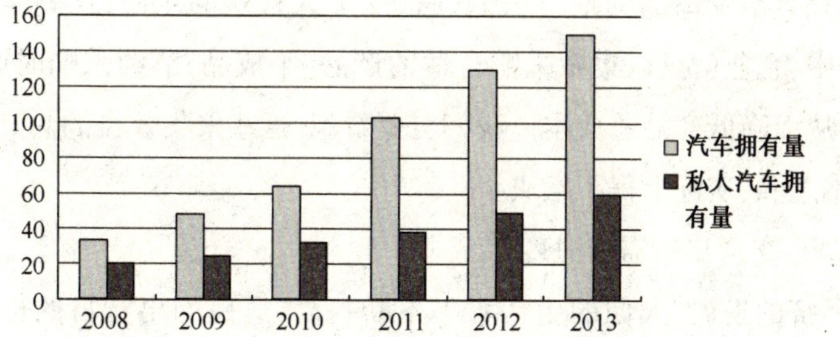

图10　2008~2013年重庆市主城区汽车与私人汽车增长变化示意❷

我国近年来私家车保有量、出行量的持续快速增长,在有限的道路条件下,私人小汽车过度出行占用大量的道路资源,交通拥堵成为必然结果。

❶❷　资料来源:重庆市公安局交通管理局,2013年。

5. 人类需求的过度(包括交通出行需求)

(1)现象：土地开发的过度

在现代社会,我们会看到越来越多的高楼,越来越多大的城市,即所谓开发。在中国西部的重庆市,2008年中心城区整体开发强度(毛容积率❶已达1.02)远高于东京都、北京中心城、上海中心城、成都中心城(毛容积率分别为0.96、0.60、0.87、0.71)。主城解放碑、观音桥、三角碑、南坪、杨家坪等核心区毛容积率达到1.41,高于纽约曼哈顿的1.36和深圳特区的0.98。人口密度最高的渝中区,2009年人口密度就高达39107人/km^2,是世界上人口最密集的城市区域之一。在单位土地面积内,各种建筑物总量越大(即容积率越高),就意味着城市建设强度越大,随之而来的就是单位土地面积内居住人口更多和工作岗位数更多,那么产生的交通量就更大。

为满足日益增长的消费需求,促进城市经济的发展,在有限土地资源的约束下只能提高城市土地开发强度。这使得城市中心的商贸、金融、休闲、娱乐等经济增长型建筑呈高密度集中开发,人们为满足消费需求必将通过引致需求——交通,来达到各种消费目的,为此产生了更多的交通需求。但是,当土地的开发超过一定强度以后,所吸引的大量交通将导致路段出现拥堵现象。

当然,人们活动的聚会会带来好处,经济学家称之为聚集效益。城市商业中心有成百上千种商品,人们乐意在这里选购自己最喜欢的东西,而不乐意满世界寻找,以及到只有很少商品的地方去勉强接受不太喜欢的东西,这就是消费者的效益;产业集中,企业就可以集中采购合适的产品、半成品,节约采购时间、采购物品运输时间,从而降低产品总成本。我们也要看到,这些聚集效益的总和超过所付出的拥堵成本总和,实际上得不偿失。

(2)现象：交通出行需求过度

随着经济的发展,人们的生活水平不断提高,居民的出行目的也越来越多样化:除上班、上学等"基本出行"之外,以购物、娱乐、旅游、访友、看病等为目的的"生活出行"比例不断攀高。

---

❶ 毛容积率是城市规划的重要控制指标,指建筑面积与居住用地面积之比,居住用地面积包括了住宅用地、共建用地、道路用地、绿化用地。

城市之疾——交通拥堵之病因

　　2013年,上海市一日出行总量达到6140万人次,较2004年增长46%。在出行量增长的同时,居民出行构成也发生了较大的变化,除上下班以外,购物、娱乐和业务等呈现更快的增长,占出行总量的比重,1995年仅为32%,到2013年已经达到53%(图11,图12)。

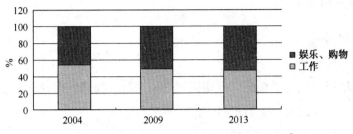

图11　2004~2013年上海市居民出行目的构成变化❶

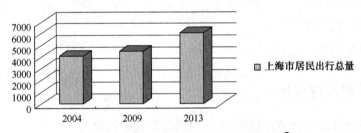

图12　2004~2013年上海市居民出行总量变化❷

(3)文化根源:人类消费(需求)的过度

　　当今社会,人们的消费观念发生了变化,其消费行为已经不再局限于满足基本生活需要,而是无止境地"创造需求(一些企业家和经济学家的口头禅)"。但不要忘了,世界人口的巨大基数,特别是人口大国——中国,意味着巨量的消费基数和消费乘数。而满足过度消费的代价就是:城市道路越来越拥挤,这种社会思潮是造成交通拥堵的文化原因,而且这种追求具有愈演愈烈之势。

　　我们看看"万人迷"贝克汉姆的消费:

　　近9年间一共买入了26辆车,平均每年购入将近3辆车,均为豪车。26辆车只算车的购买价花了187万2090英镑,平均每年花掉20多万英镑用于购车。他

---

❶❷　资料来源:上海市交通委员会,上海市第四次全市性综合交通调查报告,2014。

在英国、西班牙、美国和意大利共有9处豪宅。明星效应强烈地影响着地球人的消费。

可以说,地球人追求过度消费是交通拥堵的根本原因。

关键词:

(1)交通拥堵

(2)汽车保有量

(3)拥堵微区域交通系统　拥堵区域交通系统　拥堵城市社会经济系统

(4)交通出行需求　无效出行　潮汐现象

(5)交通拥堵成本　交通运输成本

(6)零距离换乘

(7)社会经济合理布局

(8)过度消费　过度出行需求

思考与讨论:

(1)观察身边的拥堵,观察发生的原因及造成的代价。

(2)除前述拥堵成本外,还可能有哪些成本没有计入?是否可能有:交通管理成本的增加,汽车功能的闲置,道路空间的闲置,等等。

(3)产业聚集与交通成本之间有什么关系?

(4)城市文明能引致交通拥堵吗?

(5)城市政府管理体制可能引致交通拥堵吗?

参考文献:

[1] 2013全国汽车保有量1.37亿 车辆管理是重点[J/OL].来源:车讯网,2014年02月01日,http://www.chexun.com/2014-02-01/102291091.html

[2] 重庆市主城区交通发展年度报告2012[J/OL].来源:重庆交通规划院,2013年05月,http://222.177.24.124:5080/jtxxpt/Downloads/2012年报.pdf

[3] 武汉城市交通管理研究所:《2013武汉市交通发展年度报告》发布,武汉晚报[N].2013年10月31日.

[4] 北京市交通委员会.2013年北京市交通运行分析报告:工作日平均每天多堵25分钟[N].北京日报,2014年02月12日.

[5] 周波.广州市交通拥堵点改善思路和方法研究[J].广州:湖南交通科技,2013,6.

[6] 美国人1年堵55亿小时 时间油耗成本1210亿美元[J/OL].来源:环球网,2013年02月07日,http://world.huanqiu.com/well_read/2013-02/3627684.html

[7] 去欧洲需知:最拥堵的十大城市排行榜[J/OL].来源:环球网,2012年10月16日,http://auto.huanqiu.com/globalnews/2012-10/3192849.html

[8] 全球20个最拥挤的城市 中国印度各占5个[J/OL].来源:新浪博客,2010年04月02日,http://blog.sina.com.cn/s/blog_4bbb74a50100hwu8.html

[9] 任恒宽.城市居民交通拥堵心理成本测算方法分析[D].北京:北京交通大学,2010.

[10] 张志耀,叶梓余.城市交通拥堵的成因与治理[J].新论,2011,9.

[11] 马嘉琪,白雁.基于出行成本管理的城市交通拥堵治理策略[J].综合运输,2010,5.

[12] 武汉市规划土地管理局.美国考察报告[R],2006年9月.

[13] 日本东京启动畅通工程解决道路拥堵问题[J/OL].来源:中国公路网,2003年10月17日,http://www.chinahighway.com/news/2003/55176.php

[14] 王鸿春,刘岩,赫军,等.借鉴国际经验治理北京城市交通拥堵对策研究[J],决策研究,2006,7(11).

[15] 重庆统计年鉴2013[J/OL].来源:重庆市统计信息网,2013年11月9日,http://www.cqtj.gov.cn/tjnj/2013/indexch.htm

[16] 铃木博明,罗伯特·瑟夫勒,井内加奈子.公交引导城市转型——公交与土地利用整合促进城市可持续发展[M].北京:中国建筑工业出版社,2013.

城市之疾——交通拥堵的治理

A Serious Disease of City—Traffic Congestion and Its Governance

谢欣吟绘图(重庆一中高2015级27班)

"西医"疗法可用,"中医"疗法更强,自觉调养为本。

黄承锋

城市之疾——交通拥堵的治理

沁园春·堵

重庆风光　　　　　　　　　　　叹神龙大众慢如蜗牛
千里车流　　　　　　　　　　　奔驰宝马无处发飙
万里人潮　　　　　　　　　　　一代天骄兰博基尼　看摩的把车超
望渝中内外车行如蚁
两江上下汽笛喧嚣
司机烦躁　膀胱欲破无处尿
看日落日升
尚未过桥
交通如此糟糕
引无数车友赴公交

　　俱往矣　　　　俱往矣　　　　俱往矣　　　　须限行
问出行如何可靠　数兜内钞票　　还数自行车　　看的士公交
　　须练长跑　　　把车卖掉　　　边蹬边笑　　　分外妖娆

这首《沁园春·堵》，是重庆、北京、武汉、沈阳、南昌、温州、太原等全国各地网友的作品，前部分内容大致上差不多，对如何治理交通拥堵，最后几句是大家给出的不同答案：卖掉车，改步行（跑步）、重新骑自行车、乘公交。

从经济学角度看，交通拥堵是需求与供给的不平衡，地球的土地、矿产、空间等能供给交通使用的资源有限，不可能满足无限需求。"病"还得"从心治"，需要树立可持续发展的观念，在需求与供给之间进行平衡，既满足大家当前的需要，又满足将来的需要。从交通系统（包括微区域、区域2个系统）、社会系统、需求系统3方面着手，协调好"的士"、"公交"、"桥"、"司机"、"无数车友"、"千里车流"、"万里人潮"、"两江上下"，等等，才能最终看到美好的"风光"。

一、"西医疗法"：交通系统治理

这个层面的治理主要是以交通系统能够调配的资源进行治理，以提供更多的

供给、更合理的供给为导向,类似西医治病,短期见效快,但需求发展更快,虽是初级,但也是必须的方式。交通资源的供给,应覆盖公众出行的全过程,不仅仅是主要线路或轨道,包括以下几个阶段或方面。

(1)适当增加、优化交通资源的供给

①新建道路、拓宽、改造原有道路。

在长远的、合理的交通预测基础上,考虑城市四种等级道路即快速路、主干路、次干路、支路长度的合理比例,确定新建改建道路的规模。根据国际交通工程师协会推荐道路等级结构:主干路、次干路、集散道路、地区道路长度分别占道路总长度的 $5\%\sim10\%$、$10\%\sim20\%$、$5\%\sim10\%$、$60\%\sim80\%$。

②首先要增加大容量的公共交通系统,实行公交优先,让公共交通成为公众常规出行的首选,让乘客感到坐有尊严,坐有所值。

大容量公共交通的能力是小汽车不能比拟的,地铁的单向运送能力是 3 万人/h 以上,轻轨为 1 万~3 万人/h,BRT(快速地面公交)运输能力能达到地铁的 1/3,一条公共汽车线路运输能力在 1000 人次/h 左右。

政策上,要赋予公共交通的优先行驶权。国外有的城市在公交车上装有遥控装置,经过交叉路口,自动换绿灯,禁止转弯的路口允许公交车转弯,单行线路段允许公交车逆行。香港特区政府规定,在上下班等交通高峰期,只允许公交车向右转弯(香港车辆为靠左行驶)。

③合理布局、新建停车场,增加静态交通设施容量。

为大容量公共交通系统布局、配建停车场,建设方便的"公共停车场——换乘系统",为公众使用大容量公共交通提供方便,目前这个系统是短板。而且,需要对换乘停车采用低收费或不收费政策。在北京,市民可将机动车辆停放在 P+R 停车场,每日 4:30 至次日 0:30 时间,凭当天市政交通一卡通(即 IC 卡)乘坐公共交通(含轨道交通和公共电汽车)记录,按次收费 2 元。如果没有使用 IC 卡而使用纸票乘车,则无法享受优惠政策,需要按照白天(7:00~21:20)0.5 元/半小时、夜间(21:00~次日 7:00)1 元/2 小时的收费标准交费。

另一方面,我国大城市普遍存在着停车设施容量不足的问题。以重庆市为例,据市停车办统计,截至 2011 年 9 月 30 日,主城区经营性停车场 2678 个,停车位总数达到386886个。然而,主城区汽车保有量约为48万辆,而合理的停车泊位总数应该达到城市汽车保有量的115%～130%,停车位缺口至少为15万个。

④大力发展舒适的慢行交通系统或网络。

慢行交通指以人力为空间移动的动力,步行速度在0.5～2.16m/s,自行车速度一般在10km/h左右,一般是出行速度不大于15km/h的交通方式。短距离出行中(一般小于3km),慢行交通方式占到出行总量的绝大多数。慢行交通系统,包括人行步道、跨街天桥/隧道、休闲广场/廊道、非机动车道等,应贯穿于城市公共空间的每个角落,满足居民出行、购物、休憩等需求(图1,图2)。

图1 广州陈家祠堂内廊道,所有房屋被廊道连成一体,风雨无碍

图2 城市自行车道

在机动车越来越多的现代社会,慢行交通方式、慢行交通系统逐步被忽视,这就是没有关注公众出行的全过程。大力发展舒适的慢行交通方式,既可以满足市民短距离交通出行的需求,又能有效地遏制我国城市普遍存在的"混合交通"的现状,使得交通流有序合理,以便于交通组织管理,还兼有锻炼身体的功效。此外,绿色环保健康,不带来环境污染。可以说,良好的慢行交通系统,是城市生活品质的又一标志!

(2)交通设施的合理设计

在长远的、合理的交通预测基础上,对道路的平断面、纵断面、横断面进行合理设置,对交叉口信号配时的合理设计、公共交通停靠站的合理设计、行人过街设施等进行合理的设计。

(3)道路交通的合理疏导

道路交通疏导包括人力和智能2个部分。

人力即交通警察系统,是目前的主要疏导力量。在车辆数越来越多的现代社会,智能交通将为道路交通疏导起到越来越重要的作用,使用智能交通系统是现代交通的标志。

智能交通系统(Intelligent Transport System,简称 ITS)是将先进的信息技术、通信技术、传感技术、控制技术以及计算机技术等有效地集成运用于整个交通运输管理体系,而建立起的一种在大范围内、全方位发挥作用的,实时、准确、高效的综合的运输和管理系统❶。

它通过人、车、路的和谐、密切配合提高交通运输效率,缓解交通阻塞,提高路网通过能力,减少交通事故,降低能源消耗,减轻环境污染。

二、"中医疗法":社会系统治理

这个层面的治理是从需求这个源头上抑制不合理交通需求和交通流。主要从交通供给系统外部进行行政性、市场性导向和抑制,目前各国采用较多,属综合性治理方式,类似中医治病。但仍然是一种非自觉的方式。

(1)出行导向的再选择

①公交优先导向

要从规划、路权、政策、财务 4 个方面优先发展公共交通,为公交优先创造良好的条件。要深刻地认识到,与其产生巨量的社会拥堵成本,不如把社会资源运用到公共交通上,解决拥堵节约资源,即权衡好"拥堵成本"与"公交投资"的关系。

我国一些大城市几年前已认识到这一点,开始在公共交通上大量补贴,这是明智之举,目前已取得一定的效果,如果更早一些年实践,效果应该更好。据了解,2008 年,北京的公共交通补贴中,地面公交拨付资金 91.5 亿元,地铁拨付资金 7.9 亿元。2010 年的公交补贴则达到 104.2 亿元,比前一年增长 14%;地铁补贴达到 15.2 亿元,比前一年增长 91%。

---

❶ 智能交通系统,包括先进的交通信息服务系统(ATIS)、先进的交通管理系统(ATMS)、先进的公共交通系统(APTS)、先进的车辆控制系统(AVCS)、货运(物流)管理系统、电子收费系统(ETC)、紧急救援系统(EMS)。

②小汽车限制导向,包括小汽车拥有和使用限制导向

采用竞拍/摇号获得车位、牌照等方式限制小汽车的拥有,世界许多大城市采用这种政策,包括北京、上海、广州、新加坡等;运用收拥堵费、差别化调整不同区域停车费用的方式限制小汽车上路、限制中心区机动车流量,从而引导小汽车的合理使用,降低城市机动车的交通量,世界许多大城市也采用这种政策,包括伦敦等。

这些做法,源于交通需求管理(Transport Demand Management,简称TDM)理论,该理论的核心思想是——用行政的方式影响出行者的行为,而达到减少或重新分配出行对空间和时间需求的目的。

交通需求管理政策,是通过政策法规等手段限制道路交通流的增长,它做到交通"源"的削减,包括:牌号限行、日期限行、车辆高度限行、区域限行、收拥堵费、价格杠杆调节停车等措施。以价格杠杆调节停车为例:采用差别化停车收费政策,一般在城市核心地区收取较高的停车费,而在城市外围地区停车收取较低的停车费;这样做的好处是:第一,减少城市核心区的机动车数量,可以有效地缓解城市核心区的交通拥堵;第二,外围收取较低的停车费、鼓励人们将车辆停放在城市外围,从而有效地减少了进入城区的交通量。

(2)城市工作、生活方式布局的再选择——职住临近、产业聚集

前述"内乡县衙模式"就是合理的选择。摈弃职住分离的生活方式,奉行职住临近方式,就可以大幅度削减早晚高峰的潮汐车流;增加相关产业的适度聚集,减少不合理远距离交通产生,减少交通成本(即降低生产成本)、拥堵成本。

卡尔索普❶(Peter Calthorpe,1993)提出生活、工作贴近交通干线的生活方式,即交通线路、车站引导发展的治理模式(Transit Oriented Development,即TOD)。他设计了一个半径约2000ft(约600m)步行范围的社区,其中心部位是公交站点和主要商业中心,社区集多样住宅、商店、办公楼、开放空间及其他公共设施为一体。TOD社区的整体环境便于行走,居住和工作的人们可以很方便地通过步行、自行车、公共交通或汽车到达他们想要去的地方(图3)。香港已在一些地铁车站周边进行开发,实践了这个模式的(图4)。

---

❶ Peter Calthorpe,The Next American Metropolis:Ecology,Community and the American Dream,1993.

在进行城市总体规划的修订时,应体现城市生活的再选择,奉行职住临近、产业聚集、交通引导社区的模式。在修订的具体操作时,要将城市社会发展规划与城市总体规划、城市产业规划、城市交通规划、城市土地利用规划、城市环境规划有机整合,形成"6规合一"的规划,避免分规划之间的分离、脱节。

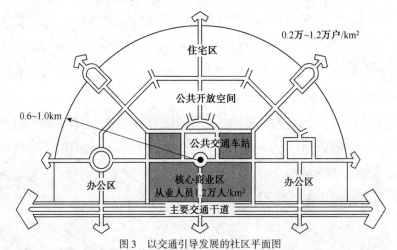

图3 以交通引导发展的社区平面图

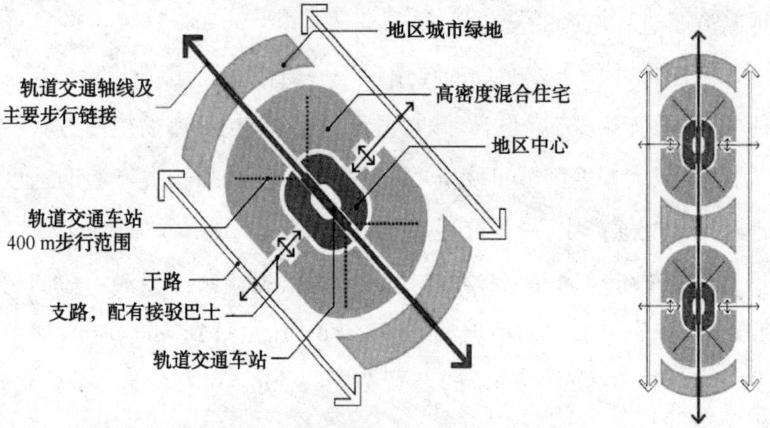

图4 香港地铁车站周边开发

三、"自觉调养":全社会需求的教育引导

这个层面的治理是,引导人们内在地、自觉地压缩、减少自己的过度需求(包括交通需求),这是最终解决交通拥堵的方式,即人们由外至内地接受:在人口膨胀、

过度消费的时代,交通拥堵对自己、对世界、对未来的极度有害,进而自觉规范自己的所有消费行为(包括交通行为),我们由"被迫"治堵走向自觉治堵。

以汽车文明为代表的现代文明深刻地改变着人们的思维,引导着人们的需要,从而翻天覆地、改变世界,反过来,要治理交通拥堵状况,必须从需求侧有所改变,才能最终改变。交通需求管理、交通法规以政策的方式,半强制或强制地改变着人们的交通行为。这还不够,必须将需求改变的思想更深地植入人们的大脑,成为其自觉的行为,这就是全社会需求的教育引导,或称为需求教化。

让我们的汽车文明行为,比汽车保有量来得更快一些吧。

(1)出行选择教化之一——自觉选择公共交通

汽车文明及其知识教育,提高居民的交通消费认知、公共交通意识。让公众知晓,汽车文明(尤其是小汽车)既带来便利,又带来极高代价,包括极高的各种消耗、闲置和极高的污染,应自觉选择包括常规公共交通和轨道交通作为日常出行的首选。

(2)出行选择教化之二——自觉选择绿色交通

步行及自行车交通教育,提高居民的绿色交通意识。让公众知晓,并摈弃"自行车是落后的交通方式"、"小汽车是代步工具"等观念,自觉选择步行及自行车短距离出行,尤其是短距离出行,提升生活品质。

(3)出行选择教化之三——自觉遵守交通规则

城市里的每一个人,都应该考虑一下自己的交通行为是否符合交通法规,因为你的每一次违反交通法规的行为,都可能是造成堵车的因素之一,最终的后果都可以传递到自己。

让行人知晓,并自觉遵守道路交通规则,摈弃不按人行道灯指示,不走人行天桥(隧道),随意横穿马路等等。提高行人的素质,就是在解决交通拥堵。

让驾驶人知晓,交通规则不能一知半解,否则在行驶时很容易给其他车辆的正常通行带来阻碍。切忌抢灯行驶,只为争几秒钟时间,有的车辆在绿灯变红灯后继续抢时间驶过斑马线;到了夜间一些车辆总是喜欢开着远光灯或雾灯,这也会给对面行驶的车辆带来危险;切忌不打转向灯的情况下随意变道,等等。路上行车,最重要的就是讲究秩序。如果每个人都随心所欲,那不要说开车,连走路出门都会寸

步难行。提高驾驶人的行车素质,就是在解决交通拥堵。

让交通设计者、组织者知晓,科学选择、以人为本的交通系统设计是解决交通拥堵的基础,交通岗位的坚守就是畅通的保障。提高交通设计者、组织者的职业素质,就是在解决交通拥堵。

(4)出行选择教化之四——自觉约束过度需求和过度消费❶

过度需求和过度消费,都超出了地球的资源禀赋,不利于可持续发展,而且为满足这些消费,必然产生交通需求,引致过度的交通消费。

地球人要明白,管住自己的过度消费,管住自己的不合理交通行为,就能畅通,就是治理交通拥堵!

关键词：

(1)常规出行　随机出行　应急出行

(2)大容量公共交通

(3)公交优先政策

(4)公共停车场——换乘

(5)慢行交通方式

(6)出行需求导向

(7)交通需求管理

(8)职住临近、产业聚集发展模式

(9)TOD 发展模式

(10)"6 规合一"城市规划体系

(11)交通需求教化

思考与讨论：

(1)请你每月做一次有益于减少拥堵的事。为什么可以减少拥堵?

---

❶ 经济学的过度需求,指某种物品或者服务的市场需求超过了企业(即社会)所能提供或者愿意提供的水平的一种需求状况,如收费过低的电力供应、免费范围过宽的公费医疗,使得电力部门和医院超负荷,甚至浪费很大;过度消费,是指超出经济发展水平、超越经济实力、降低资源效率、导致资源浪费、加剧资源破坏,不利于可持续发展、影响社会和谐并殃及子孙生存权利的消费,也是应该遏制的消费。

（2）请你出一个主意，可以直接减少交通拥堵。为什么可以减少拥堵？

（3）请你出一个主意，可以教育别人减少过度需求。

（4）请提供一个解决交通拥堵的例子。

参考文献：

［1］任恒宽.城市居民交通拥堵心理成本测算方法分析［D］.北京：北京交通大学，2010.

［2］王鸿春，刘岩，赫军，等.借鉴国际经验治理北京城市交通拥堵对策研究［J］.决策研究，2011，7.

［3］陆化普.解析城市交通［M］.北京：中国水利水电出版社，2001.

［4］马祖琦.伦敦中心区"交通拥堵收费政策"——背景、经验与启示［J］.国外城市规划，2004，19(1)：42-46.

［5］侯方淼.浅析通过道路定价来解决城市交通拥挤问题［J］.运输经济，2006，(12)：91-93.

［6］陈勇，徐力均.基于交通供需视阈的城市道路拥堵分析［J］.工业技术经济，2009，3.

［7］张纪京.上海交通拥堵现象的对策分析［D］.上海：复旦大学，2004.

［8］费移山.高密度城市形态与城市交通——以香港城市发展为例［J］.新建筑，2004，4.

［9］陆化普.城市土地利用与交通系统的一体化规划［J］.清华大学学报（自然科学版），2006.

黑车之惑——供需视角看管制

Taxi Market Puzzle—Government Regulation or Not?

谢欣吟绘图(重庆一中高2015级27班)

车来车往皆为利,有了需求,就有了供给的动力。

彭勇

黑车之惑——供需视角看管制

> 无牌无证乱穿梭
>
> 公安交警执法忙
>
> 怎奈黑车❶太猖獗
>
> 稽查努力一场空

"走不走？"，陌生的车辆无声地滑到站在路边焦急等待的你身边，一张友善的面孔，一句及时的询问。遇见黑车的氛围通常很和谐。没有人能够准确说清它们的数量，在城市，它们"轻轻地来，轻轻地走"，没有任何营运标志，闲逛的它就是一辆私家车。然而，和谐的相遇背后却时有耳闻的是辱客、宰客、弃客甚至劫财劫色的一刀。毫无疑问，它们已对社会造成危害，应该严打，但是严打之余，我们似乎也该反思：为什么有人总爱与黑车共舞？为什么黑车不仅屡禁不止，而且还有越演越烈的趋势？

一、"城市毒瘤"——亟待治理之症

1. 城市黑车之现状

城市黑车大致分四类：一是"克隆车"，其外观和出租车一模一样；二是小汽车（大多是私家车），其无任何出租车运营证件和标识；三是摩的、电动车和三轮车，主要是短途非法营运；四是无营运证件的大中型客车、旅游车等。

在国内，"黑车"现象几乎在每个城市都存在，其规模之大、数量之多目前尚无完整和准确的统计数据，我们只能从一些城市的调查数据管窥一二。截至2013年年底，北京共查处各类违法违章3.9万起，查扣"黑车"1.2万余辆。从2010年至今，交通执法部门共查扣黑车近4万辆，包括近千辆"克隆车"，即，在路运营的假出租❷。2012年重庆收缴查获"黑车"近3000辆❸。在榆林，2013年非法营运车辆数量

---

❶ 所谓黑车，是指未取得道路运输经营许可证、工商营业执照和税务登记证而非法从事道路客货运输经营，或违反经营种类、项目、营运线路的车辆。从经营范围上看，主要分为客运黑车和货运黑车两大类，客运黑车又分为从事班线运输的黑车和从事出租运输的黑车两类。本文将要讨论的是非法从事出租运输的黑车。

❷ 黑车泛滥.北京治理黑车泛滥，350个黑车点今年重点检查[OL].http://bj.people.com.cn/n/2014/0121/c82840-20437894.html, 2014.1.21.

❸ 重庆"黑车"为何其屡禁不止？[OL].http://news.xinhuanet.com/city/2013-01/14/c_124228066.htm, 2013.1.14.

已逼近出租车❶。合肥2010年查处400多台,2011年1100辆左右,2012年是2137台(2012年合肥拥有出租车8395辆)❷。温州黑车看苍南,苍南黑车看龙港。龙港运管所的数据显示,当地2013年有合法出租车300余辆,而黑车却有2500辆左右❸。

2.缘何成为城市毒瘤

虽说存在即合理,但也不能说它是无害的。有时候也确实让人有"可怜之人必有可恨之处"的想法。"黑车"之所以被称为社会的毒瘤,是因为其危害之处,比如:

(1)驾驶人素质差,不具备营运客车驾驶人基本要求,长期不参加安全教育,安全意识淡薄,易发生人为肇事事故,且未经客运服务培训,不了解服务规范,无法提供优质服务。常有甩客、倒客、宰客等现象发生,乘客权益得不到保障。

(2)部分黑车为二手车、拼装车,甚至报废车,车况普遍较差,且每天都在超里程运行,根本没有时间进行日常的保养维护,容易发生机械事故。

(3)黑车从业人员及乘坐黑车人员结构复杂,极易发生偷盗、抢劫、打架、调换假钞、酒后闹事等治安事件,人身安全得不到保证。

(4)为争客人、抢客、躲避运管部门检查,驾驶人经常违规超速行驶、超员载客、分散驾驶精力、疲劳开车,极易引发安全事故。

(5)保险手续不齐,发生重特大事故后,没有能力赔付,驾驶人经常弃车逃跑或宁愿坐牢,乘客的生命财产得不到保证,吃苦的是乘客。

二、"灵丹妙药"?——出租车市场的管制

出租车行业自1996年进入高度管制❹阶段。1998年建设部和公安部联合发

---

❶ 榆林黑车数量逼近出租车[OL].http://yl.hsw.cn/system/2013/10/17/051776341.shtml,2013.10.17.

❷ 黑车存在的根本原因在于违法成本太低[OL].http://epaper.hf365.com/jhcb/html/2013-02/22/content_655091.htm,2013.2.22.

❸ 嚣张的苍南黑车集团 黑车数量八倍于正规出租车[OL].http://zjnews.zjol.com.cn/05zjnews/system/2013/03/01/019178567.shtml,2013.3.1.

❹ 政府管制是指政府为达到一定的目的,凭借其法定的权力对社会经济主体的经济活动所施加的某种限制和约束,其宗旨是为市场运行及企业行为建立相应的规则,以弥补市场失灵,确保微观经济的有序运行,实现社会福利的最大化。经济学上把政府管制分为经济管制和社会管制两类。经济管制是指对价格、市场进入和退出条件、特殊行业服务标准的控制。一般来说,是对某一个特定行业、特定产业进行的一种纵向性管制。社会管制主要用来保护环境以及劳工和消费者的健康和安全,主要针对外部不经济和内部不经济。

布的《城市出租车管理办法》确认了我国出租车行业的政府管制原则和方式,即确立了城市出租车行业实施租价规制和总量控制的格局。

全国大部分城市现行的出租车管理体制是,政府拍卖出租车运营权,只面向出租车公司,而不面向个人,由此形成了"政府—出租车公司—出租车驾驶人"的三级管理。这样一来,出租车行业形成两大垄断。政府垄断运营权,提高了出租车公司成本,而这一成本必然转嫁给出租车驾驶人;出租车公司"垄断"驾驶人,驾驶人要开出租车必须依靠出租车公司,这种"垄断"必然被出租车公司利用以攫取非正常利益,进一步抬高出租车驾驶人运营成本。双重垄断下,出租车驾驶人运营成本不断提高,使得城市出租车行业实施的租价规制成为实实在在的对出租车驾驶人低价格上限管制。

出租车公司如何从出租车驾驶人身上"揩油"?

常用的手段主要有以下几个方面:

一是打着收取订金的旗号乱融资。个体出租车驾驶人拿不到经营权,只能到出租车公司承包,预付订金少则5万元,多则10余万元,出租车公司对这些资金长期无偿占用;二是许多出租车公司不上或少上车辆保险。出租车公司在保险公司投保不足应上险种的10%,但向出租车驾驶人按全部险种收取保险费用。另外,即便是上了有关险种,却将保险公司本应向出租车驾驶人返还的无责任优惠进行截留;三是重复收取出租车驾驶人的"三险"费用;四是对出租车驾驶人滥罚款;五是肆意赚取出租车驾驶人的"小钱"。有些费用(如检车费、计价器检验费等)是不应该由驾驶人承担的,但也要落到驾驶人的头上,有的公司还要定期向驾驶人收取发票款、座套款等。另外,有的管理部门或服务部门在办理一些事情时,集中办理相比较于单车办理要给予一定的优惠政策,但出租车公司集中办理后,却要按单车的标准向驾驶人收取相关费用,从中赚取好处。

(资料来源:葛瑞原,关于出租车经营管理体制的探讨,经济视角(上),2009年05期)

三、"药效"——管制对出租车市场的影响

利用需求❶与供给❷曲线,可以分析价格上限管制下的出租车市场。如图1所示,假定出租车市场供应曲线为 S,需求曲线为 D。在完全竞争的市场状况下,出租车市场供给与需求在点 e 达到均衡❸,此时,均衡价格为 p^*,均衡供给量为 q^*。但由于出租车市场价格上限管制,管制价格为 p_c,此时,市场供给量为 q_c。在此供给量下,乘客愿意支付的总支出为梯形 $kgmo$ 的面积,而实际支出为矩形 $fcmo$ 的面积,乘客总剩余为:

乘客愿意支付的总支出 - 实际支出 = 梯形 $kgcf$ 的面积。

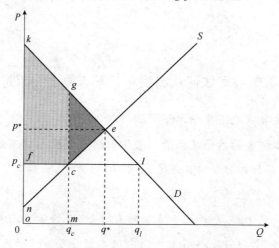

图1 价格上限管制下消费者、生产者剩余

驾驶人愿意接受的总收益为梯形 $ncmo$ 的面积,驾驶人实际总收益为矩形 $fcmo$ 的面积,驾驶人总剩余为:

---

❶ 市场需求是研究在特定的时间内,对某一商品(产品或劳务)的市场需求量与需求价格之间的关系。需求价格是消费者对一定数量的商品能够支付并愿意支付的最高价格。在经济学中,将这样的需求称为有效需求,今后,在不加说明时,提到需求都是指有效需求。

❷ 市场供给是研究在特定时间内,某一商品(产品或劳务)的市场供给量与供给价格之间的关系。供给数量是生产者对一定价格的商品愿意提供并能够提供的数量,称为有效供给。同样,以后不加说明的供给,都是指有效供给。

❸ 当将需求与供给曲线放到一起时,便形成了一个十字交叉,这就是市场。市场就是研究需求与供给之间的关系。在同样的价格下,买主和卖主愿意买卖的数量一致时,市场的交易就达到了均衡。

驾驶人实际总收益-驾驶人愿意接受的总收益=三角形 fcn 的面积。

则,价格上限管制下:

出租车市场总剩余=乘客总剩余+驾驶人总剩余=梯形 kgcn 的面积。

而,无管制市场均衡状态下,出租车市场总剩余=三角形 ken 的面积。

在价格管制下,出租车市场福利无谓损失三角形 gec 的面积。

同时,在管制价格 p_c,市场交易量(总供给量)为 q_c,而市场总需求为 q_l,市场需求缺口(超额需求)为(q_l-q_c)。

如图2,若将横纵坐标移动到点 c,可以发现,在新的坐标系(横轴为水平线 cl,纵轴为 gc)第一象限形成超额需求曲线 dl。对于超过价格 p_c,愿意提供出租车服务的驾驶人来说,他们也能找到愿意以更高价格享受出租车服务的乘客,只是由于价格管制,使得出租车驾驶人在市场中不允许以超过 p_c 的价格违规提供服务。但由于超过价格 p_c,提供的额外供应存在的需求,这必然形成出租车驾驶人违规提供服务的动力,但由于违规提供服务所面临的风险(被交通执法者查到的处罚等),他们愿意违规提供服务的价格必然高于无管制情况下正常的价格。即,违规提供服务所面临的风险在点 c,使得供应曲线向上翘,形成新的黑市供应曲线 S_b。超额需求导致黑市出现。

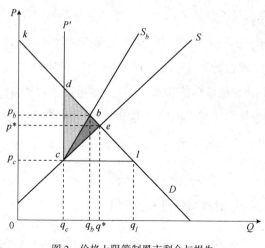

图2 价格上限管制黑市剩余与损失

同样的分析方式,黑市在点 b 供需形成均衡,黑市均衡价格(黑市交易价)为

p_b,黑市交易量为(q_b-q_c)。黑市带来的总剩余为三角形 dbc 的面积,社会福利无谓损失三角形 bec 的面积。与无黑市情况比,由于黑市的存在,社会总福利增加,无谓损失减少。

根据分析,价格上限管制,若管制价格未接近市场均衡点,超额需求必然成为黑市出现的动力。而防范黑市形成要求,在价格管制下,市场监管也必须同步到位。

另外,从供需分析来看,形成黑市的均衡价格应高于管制价格。但在出租车市场中,非法营运价格高于正常营运价格并不是必然结论。进一步分析,这并不是出租车市场形成了特例,而是出租车市场的一些特点导致的。比如前面所分析的,在出租车市场,由于"政府—出租车公司—出租车驾驶人"三级管理体制,使得正常运营的出租车增加了不少额外成本,而这是非法营运车辆(黑车)所不需要负担的,因此,黑市出租供应曲线 S_b 由于此影响下移,当平移量足够大时,即可能出现黑市均衡价格低于管制价格的情况。这也是重庆等一些地方,正常营运车辆用气,非法营运车辆用油尚能与之竞争的原因。

假设管制价格如图3为 p_c,同时出租车总量控制,若总量控制线为图6的轴 p',此时,正常市场管制价格也决定了该轴对应的供应量,总量控制效果与管制价格产生效果一样;若总量控制线右移为 p'',即控制总量大于管制价格形成供给量,则会发生一部分合法供应市场的驾驶人愿意提供运输服务的价格高于管制价格(ch 段),有退出市场营运的趋势,同时存在黑市形成的动力;若总量控制左移为 p''',即控制总量小于管制价格形成供给量,则一部分愿意在管制价格下合法参与市场营运的驾驶人被排挤出市场(ac 段),这形成了寻租动力,同时存在黑市形成动力。从分析来看,相对于仅采用价格管制,价格管制与总量控制并举并未实现更好的市场管控效果。

四、再论"药效"——对管制的进一步思考

尽管市场失灵经常成为政府管制的理由,但这并不表明管制一定是有效率的,从上面的分析可以看到,管制可能带来社会福利损失,并导致黑市形成。管制可能的低效率与管制的代价等一系列问题仍未得到很好的解决。

1. 管制的低效率

不论政府采取何种类型的管制政策,被管制企业都会相应地采取对策,以寻求自身利益最大化。这种行为实际上扭曲了原来政策的导向和效果。我国为满足普遍服务的目标,维持出租车相对较低的服务价格,使被管制企业出现亏损,但这部分亏损通常由政府补贴。给定政府补贴的条件,被管制企业就会采用一些对策性的措施,来骗取补贴,维持亏损。如果补贴是建立在有效率的定价基础上,补贴是一种正常的结果。但如果补贴对企业产生了低效率,则补贴本身就出现问题。同时,由于相对较低的服务价格,使得出租车驾驶人总会从自身利益出发,寻求最大化利益的服务方式,而这正是导致出租车拒载等问题的原因。

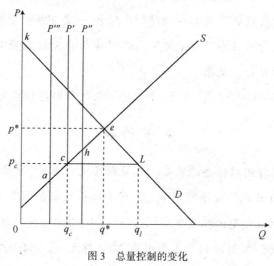

图3 总量控制的变化

关于补贴

据中广网2012年3月21日报道,20日零时,发改委上调成品油价格。针对油价上涨,国家发改委负责人表示,出租车将补贴300元/月,按年度兑现,直接给予出租车驾驶人。

大连市2011年出租汽车行业补贴资金发放的范围是该市近1.3万辆出租汽车。补贴的标准是,根据《大连市交通局关于发放出租汽车行业成品油价格改革财政补贴的函》(大交发〔2012〕58号),补贴发放标准为6379.25元/辆。

中广网重庆2008年11月20日消息,主城出租车企业(个体经营者)在现有营运收入的基础上,每车每天按50元标准直接补贴给驾驶人。

关于拒载

重庆市出租汽车总公司总经理认为,出租车拒载现象看似是由从业驾驶人素质偏低、企业管理责任落实不力、行业主管部门查处困难等多方面共同影响导致,但矛盾的根源与出租汽车服务定位有直接的关系。

出租汽车客运是一种服务性商品,当前市场经济环境下,出租客运需求远大于市场供给,在没有外力干预的情况下,市场为实现供需平衡,经济杠杆作用将促使市场产生不可控的自我调节并形成两种衍生现象:一是市场自发增加商品供给,产生克隆出租汽车或者非法营运车(黑车);二是市场自发提高商品价格,发生讲价业务或者拒载选客等行业乱象。

(来源:新华网,2011年12月16日,不怕查不怕罚 出租车拒载为何屡禁不止?)

关于价格

日本的出租车费用堪称全球最高。各地收费大致相同,起步价660日元,2km后每274m增加80日元。过了晚上11点,所有的出租车费上浮30%。

韩国出租车分为大型出租汽车、模范出租汽车(黑色)和一般出租汽车(白色)三种。一般出租汽车在2km内基本费用为2400韩元,每144m或35s增加100韩元。深夜时间(AM00:00~04:00)起步价上涨至2500韩元。大型出租汽车和模范出租汽车费用一样,在3km内基本费用为4500韩元,每164m或39s增加200韩元,深夜起步价上涨为4800韩元。

英国伦敦黑色出租车起步价3.3镑,苏格兰首府爱丁堡2.8镑。在法国,起步价通常为2.2欧元,每公里运营费用根据不同时段分为三个不同的等级。在德国,不同城市的收费标准并不相同,一般起步价在2欧元至2.5欧元之间,每公里运营价在1.5欧元至2欧元之间。西德特别是南部的慕尼黑和斯图加特,出租车的起步价高达2.8欧元。在瑞士,苏黎世的的士起步价高达4.8欧元,日内瓦4.6欧元,伯尔尼4.5欧元。在北欧三国,出租车可谓物以稀为贵,必须电话预约,开价极高,在哥本哈根,起步价高达5.2欧元,3km后每公里3.6欧元。

(摘自:新华网,2010年5月18日,国外乘坐出租车的"潜规则")

从生产角度看,反映在被管制企业经营状况和努力程度低下。由于许多被管制企业长期处于产业的垄断地位,缺乏竞争意识。出现了被管制企业的管理成本高,服务质量低等问题。从配置角度看,低效率表现为被管制企业根据回报率管制的目标和限制,实行对策性策略,使企业呈现出过度投资,即过度资本化的倾向,比如,过高的出租车牌照费。

深圳出租车牌照费

深圳市1988年以前出租车牌照由政府审批发放,无使用期限,每个牌照只收取1.9万元。1988年9月28日,深圳市政府首次以竞投的方式出售140个小汽车营运牌照,成交额为2716万元,平均每个牌照19.4万元。1993年之前,共4次拍卖车牌,价格分别为19.4万、11.8万、19.8万和21.8万,这些车牌的使用年限皆为50年。2007年拍卖的车牌成交价每个为54.25万元,使用年限仅为12年。

2. 管制的代价

由于管制政策大大影响利益分配,导致寻租行为与黑市的产生。寻租直接导致了社会福利的损失,而如上分析,黑市能够减少社会福利的损失。管制的代价还体现在政府机构的效率损失中。

这些由于管制机制导致的配置效率损失,称为"管制失灵"。管制本来的目标是消除垄断势力和保证社会福利,但由于管制失灵,管制政策本身却成为政府过度干预,维护垄断市场的维护者,体现了管制机制内在矛盾。在传统的主流管制理论中,由于管制者是被假定追求社会福利最大化的制定和实施者,被管制企业的成本相关信息是不需要任何代价就可以获得,天然假定了管制者是恩惠、全能的和全知的,被管制企业是天然地有动机将利润目标与社会目标结合并保持一致,势必导致了对这些问题忽略。

既然管制存在一系列问题没有得到很好的解决,出租车市场由于管制导致社会福利损失,成为黑市形成的动力。那么,是否应该取消出租车市场的价格管制呢?答案似乎并不是确定的。前面的分析基于的是一个充分竞争的市场,而出租车市场有其独特性。因为实际供应单位(出租车)是活动的,所以出租车市场可能看起来基本上是竞争的,但各个驾驶人制定价格时,却好像是垄断者,或似乎至少能发挥某种垄断力量。出租车市场需求是由缓慢巡行的出租车供应(尤其是在我国)。由于潜在乘客很少正好位于空出租车巡行的地方,若要提供充分的搭车服务,就必须提供超出总需求的出租车量。这种缺乏时间和空间上的一致性意味着,在出租车供给与需求曲线的平衡点,仍然存在未满足的需求,也就是说,在供需平衡点,实际提供的出租车数量小于需求量。这是由于市场上的出租车不可能在同一时间都与潜在乘客在同一地点。只有出租车总是精确出现在需要的地点,需求才会完全满足。在正常情况下,需求只有在车费高于供需平衡价格时,才会被完全满足,因为在这一更高的价格下,提供的车辆数将增加,需要的车辆数和提供的车辆数之间的比值将与占用率相一致。而乘客在租车时任何出租车所享有的垄断权力,使得出租车收费存在走高的趋势。与正常的完全竞争的市场不一样,当个别驾驶人被潜在的乘客招呼时,他们实际上是能够提高他们的服务收费的垄断者。很少有人能在听到一辆车报价后不愿搭乘而招呼另一辆车,因为很难判定另一辆空车何时能出现及其收费是否较低,尤其是赶时间的乘客。当然,实际的出租车市场更加复杂,比如,存在出租车等级、电招运营模式等。担心出租车滥用垄断权力及使价格保持在次优高度是大部分城市控制车费水平的原因之一。但如果认为控制价格相对较优,那么提供的车辆数将自动调整到合适水平,是否还需要对车辆总量进行控制,值得思考,这在我们前面的分析也提到过。

是规范出租车市场的手段还是黑车产生的推手?管制——令人困惑。

关键词:

(1)黑车 黑市

(2)供给 需求

(3)市场均衡

(4)剩余

(5)政府管制 价格管制

(6)超额需求

思考与讨论：

(1) 你或者你身边的朋友是否选择过乘坐黑出租车？为什么选择乘坐黑出租车？

(2) 你认为是哪些原因导致黑出租车的存在？

(3) 你认为政府管制出租车市场有什么样的利与弊？是否该取消政府管制？

(4) 对于出租车黑市治理，你有什么建议？

参考文献：

[1] 郭琴,李春花.出租车客运经济管制现状及改革研究[J].经营管理者,2012,(3):204.

[2] 王俊豪.政府管制经济学导论：基本理论及其在政府管制实践中的应用[M].北京：商务印书馆,2001.

[3] 王东强,田书芹.基于和谐理念的出租车管理体制改革探索[J].重庆教育学院学报,2009,22(5):27-29.

[4] 陈章武.管理经济学[M].北京：清华大学出版社,2010.

[5] 张芸珠,张云.我国出租车行业管理模式与黑车问题.基于博弈视角的研究[J].生产力研究,2011,(9):157-159.

[6] 肯尼思·巴顿.运输经济学[M].北京：商务印书馆,2006.

[7] 彭勇.从供需视角看管制对出租车市场的影响及政策思考[J].重庆交通大学学报(社会科学版),2013,13(1):24-26.

前"腐"后继——交通领域里的权力寻租现象

One by One Corruption—Rent-seeking Behavior in Transportation

谢欣吟绘图(重庆一中高 2015 级 27 班)

贪婪引致罪恶,寻租诱发腐败。

邹照菊

前"腐"后继——交通领域里的权力寻租现象

> **沁园春·沱江大桥倒塌**
>
> 莽莽神州,千里烟起,万里尘飘。
>
> 望长城内外,堆堆工地;大河上下,座座新桥。
>
> 昔九江垮倒,只因船撞;沱江坍掉,可是风摇?
>
> 监理承包,偷工减料,只认金钱哪管标。
>
> 俱倒矣,数工程豆腐,还看明朝!

一、前"腐"后继:落马的交通厅长

"要想富,先修路",交通是一个国家现代化的标志之一。经过60年左右的发展,我国陆、水、空交通发生了天翻地覆的变化,实现了从"无路可走"到"走得顺畅、便捷"的跨越式发展。2013年9月26日,交通运输部首次发布了《中国公路水路交通运输发展报告》(简称《发展报告》,图1)。《发展报告》全面介绍了1978年到2012年期间我国公路水路交通运输的发展历程、发展成就及在支撑经济贸易发展、改善城乡人民生活、提供安全和社会保障、促进生态文明建设四个方面的突出贡献。

图1　中国首次发布《中国公路水路交通运输发展报告》

图片来源:新华网,2013年9月26日,http://www.newsxinhuanet.com

《发展报告》指出,目前我国已建立了较为完善的公路水路运输系统。高速公路覆盖了全国90%以上的中等城市,普通干线公路基本实现了对县级及以上行政区的连接和覆盖,农村公路通达几乎所有的乡镇和建制村。公路总里程、港口吞吐能力、内河通航里程、全社会完成的公路客货运量、水路货运量和周转量等多项指标均居世界第一。

数据显示,截至2013年年底,我国公路总里程达424万km,内河航道通航里程达12.5万km,高速公路通车里程达9.6万km,已经超越了美国的9.2万km,居世界第一。2013年全年新建高速公路8260km,总里程突破了10万km;沿海和内河港口生产性泊位达3.2万个;全国拥有公路营运汽车1340万辆、水上运输船舶17.9万艘。根据2013年5月国务院批准的《国家公路网规划(2013—2030年)》,预计未来中国公路总里程将达580万公里,其中40万公里为国家公路(图2、图3)。

图2 2008-2012年全国公路总里程及公路密度
(图片来源:中国公路网,2013-04-06,http://www.chinahighway.com)

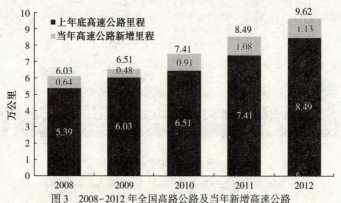

图3 2008-2012年全国高路公路及当年新增高速公路
(图片来源:中国公路网,2013-04-06,http://www.chinahighway.com)

然而,在交通建设快速发展的同时,另一方面,工程领域成为腐败的重灾区。据不完全统计,从1997年河南交通厅原厅长曾锦城落马以来,19年来全国已有14名省级交通运输厅厅长落马,涉及河南、贵州、云南、四川、广东、安徽、江苏、新疆、浙江、江西等10个省份,甚至出现了河南省四任交通厅长前"腐"后继的罕见现象,"道路通车,厅长落马"的现象已经成为中国反腐败领域的一大特点。以下是1997年以来"落马"的15个内地交通厅(副)厅长名单:

No.1　曾锦城,河南省交通厅原厅长。1997年因受贿被判有期徒刑15年,剥夺政治权利3年,没收全部赃款赃物。

No.2　刘中山,四川省交通厅原厅长。2000年因贪污、受贿被判死刑,缓期两年执行,剥夺政治权利终身,并处没收个人全部财产。

No.3　郑道访,四川省交通厅原副厅长。2000年因受贿、巨额财产来源不明被判死刑,并处没收财产,剥夺政治权利终身。

No.4　张昆桐,河南省交通厅原厅长。2001年因受贿、挪用公款被判处无期徒刑,剥夺政治权利终身。

No.5　马其伟,湖南省交通厅原副厅长。2001年因受贿被判无期徒刑、剥夺政治权利终身,并处没收个人财产50多万元。

No.6　褚之田,广西壮族自治区交通厅原副厅长。2002年因受贿、巨额财产来源不明被判处有期徒刑11年。

No.7　李向雷,广东省交通厅原副厅长。2002年因受贿被判处有期徒刑13年,并处没收个人财产10万元。

No.8　卢万里,贵州省交通厅原厅长。2002年5月因涉嫌贪污、受贿巨额资金被逮捕,2004年5月一审被判处死刑。

No.9　牛和恩,广东省交通厅原厅长。2003年因涉嫌严重经济违纪违法、受贿被开除党籍、公职,2005年被一审判处有期徒刑13年。

No.10　张有德,贵州省交通厅原厅长。2003年因受贿、巨额财产来源不明,被判处有期徒刑17年零6个月,剥夺政治权利5年。

No.11　章俊元,江苏省交通厅原厅长。2004年因涉嫌违纪,被免职并立案审查。

No.12 王兴尧,安徽省交通厅原厅长。2004年因涉嫌重大经济违纪等问题,已被依法逮捕。

No.13 王孝慈,黑龙江省交通厅原副厅长。2004年因犯受贿罪被判无期徒刑。

No.14 晋福祥,云南省交通厅原副厅长。2004年因犯受贿罪被判有期徒刑2年零6个月。

No.15 毕玉玺,北京市交通局原副局长、首都公路发展有限责任公司原董事长。2005年被判处死刑,缓期2年执行。

交通运输厅厅长频频出事,被人称为"多米诺骨牌效应"❶,交通运输系统被形容为让许多官员跌入深渊的"百慕大"❷。由于体制缺陷,导致工程建设中权力过于集中,行政不透明,"暗箱"操作导致了意志薄弱的交通运输厅长的"中箭落马"。为惩处党员领导干部违反规定插手干预工程建设领域行为,规范工程建设秩序,确保工程建设项目安全、廉洁、高效运行,2010年5月7日,中央纪委印发了《党员领导干部违反规定插手干预工程建设领域行为适用〈中国共产党纪律处分条例〉若干问题的解释》(以下简称《解释》)。《解释》将党员领导干部插手干预工程建设领域并谋取私利的行为细化为插手干预工程建设项目决策、招标投标、土地使用权与矿业权审批出让、城乡规划管理、房地产开发与经营、工程建设实施和工程质量监督管理、安全生产、环境保护、物资采购和资金安排使用管理等九个方面,三十九种具体行为表现形式,并明确了给予党纪处分所应当适用的《中国共产党纪律处分条例》的有关条款。同时,《解释》还对党员领导干部插手干预工程建设,给党、国家

---

❶ 多米诺骨牌是一种用木制、骨制或塑料制成的长方形骨牌。玩时将骨牌按一定距排列成行,轻轻碰倒第一枚骨牌,其余的骨牌就会产生连锁反应,依次倒下。

"多米诺骨牌效应":该效应产生的能量是十分巨大的。这种效应的物理道理是:骨牌竖着时,重心较高,倒下时重心下降,倒下过程中,将其重力势能转化为动能,它倒在第二张牌上,这个动能就转移到第二张牌上,第二张牌将第一张牌转移来的动能和自己倒下过程中由本身具有的重力势能转化来的动能之和,再传到第三张牌上......所以每张牌倒下的时候,具有的动能都比前一块牌大,因此它们的速度一个比一个快,也就是说,它们依次推倒的能量一个比一个大。

❷ 百慕大,又称百慕大群岛,亦称"百慕大三角区"或"魔鬼三角"。位于北大西洋,是英国的自治海外领地。具体地理位置是指百慕大群岛、迈阿密(美国佛罗里达半岛)和圣胡安(波多黎各岛)这三点连线形成的三角地带,面积达40万平方英里。这里气候温和,四季如春岛上绿树常青,鲜花怒放,风景秀丽。同时,它也被称为地球上最孤立的海岛。因为它与最接近的陆地也有几百英里之遥。百慕大之所以出名,并非是由于它美丽的海岛风光,而是经常发生神秘的舰船或飞机失踪事件,事后连一点船舶和飞机的残骸碎片也找不到。现在,百慕大三角已经成为那些神秘的、不可理解的各种失踪事件的代名词。

和人民利益以及公共财产造成较大损失的行为；或者未造成较大损失，但给本地区、本单位造成严重不良影响的行为，明确了党纪处分依据。2010年5月20日，中央治理工程建设领域突出问题工作领导小组办公室主任、监察部副部长郝明金在国务院新闻办召开新闻发布会，介绍并通报了工程建设领域突出问题专项治理工作进展及查办案件情况。他指出，截至2010年4月底，全国共受理工程建设领域举报线索17269件，立案9188件，结案8656件。给予党政纪处分5241人，其中地（厅）级57人，县（处）级611人；移送司法机关处理3058人。由于工程建设领域的违法违纪案件一般涉及的金额都比较大，在公布的20起案件中，数额最少的58万，最大的2200多万，平均每个案件550多万，这比其他的党政领导干部贪污受贿案件金额要大得多。

交通建设领域腐败丛生的现象不仅引起社会广泛关注，也早已引起了中央领导的关切。早在2003年中纪委五次全会上，胡锦涛总书记就指出，"1996年以来，全国有13个省交通厅（局）的26名厅局级干部因经济问题被查处，有的地方甚至连续几任出问题，根本原因就是投融资体制、招投标制度、行政审批制度和干部人事制度等方面存在漏洞。"在2010年3月23日国务院召开的第三次廉政工作会议上，温家宝总理发表了加强重点领域反腐倡廉制度建设、提高制度执行力的讲话，他指出："一些领域腐败现象仍然易发多发，执法不公、行政不作为乱作为等问题比较突出，形式主义、官僚主义严重……对铁路、公路、机场、城建项目和地震灾后恢复重建等公共工程项目实施全过程监管……深入开展工程建设领域专项治理。"

在2014年1月14日召开的十八届中央纪委三次全会上，习近平总书记强调"坚持党要管党、从严治党，强化党对党风廉政建设和反腐败工作统一领导，强化反腐败体制机制创新和制度保障，加强思想政治教育，严明党的纪律，坚持不懈纠正'四风'，保持惩治腐败高压态势，努力取得人民群众比较满意的进展和成效。"并指出："滋生腐败的土壤依然存在，反腐败形势依然严峻复杂，一些不正之风和腐败问题影响恶劣，亟待解决。全党同志要深刻认识反腐败斗争的长期性、复杂性、艰巨性，以猛药去疴、重典治乱的决心以刮骨疗毒、壮士断腕的勇气，坚决把党风廉政建设和反腐败斗争进行到底。"

二、欲壑难平:"变质"的心理

在已经"落马"的交通系统官员中,有许多其实在一开始的时候,是非常优秀的,能够做到廉洁奉公、以身作则,比如毕玉玺在任公社党委书记时,他的一位下属下乡时老百姓送其两头小猪崽,毕玉玺知道后对他进行了严厉的批评,让他立即还给老乡。那时毕玉玺从不收群众的任何钱物,可以称得上两袖清风。但由于交通系统的官员手中握有对工程建设的各种大权,以及他们处在各种有利害关系的人情网中,致使他们一步步坠入犯罪的深渊。从心理活动视角窥探交通领域贪官"落马"现象,发现这些"落马"贪官大多遵循着一条从一开始廉洁奉公到后来思想动摇、难抵诱惑再到贪欲膨胀、以权谋私的思想蜕变路线。究其因,在于过大的权力、监督的失效和自身道德的滑坡,是一个个官员落马的罪魁祸首。在市场经济浪潮的冲击下,一些交通领域官员的思想价值观念发生重大变化,受金钱万能、拜金主义、享乐至上影响,思想上一旦出现"缺口",便很难在金钱诱惑面前站稳阵脚,于是利用职务之便,置法律、法规、规章于不顾,抱着侥幸心理,铤而走险,从事进行贪污、受贿、挪用公款等犯罪活动。

心理学认为,人的行为总是在一定的心理支配下产生的,特定的行为总是与相应的心理特征联系在一起。腐败行为也是一样,腐败几乎没有什么突发性可言。从媒体披露的一些腐败大案、要案的案情来看,腐败行为是渐进式演化的,腐败者所展现出来的是一系列不良行为渐次蜕化、变质的过程。

(1)理想信念动摇导致思想霉变。由于交通基础设施建设市场表现为"卖方市场",存在"僧多粥少"现象,导致建设市场竞争异常激烈。同时,由于交通基础设施建设项目属典型的资金和原材料密集型领域,利润空间相对较大,个别参与竞争的企业或"包工头",总是千方百计对掌握一定权力的人进行拉拢腐蚀,增加了腐败问题发生的可能性。同时,社会性腐败问题的高收益、低风险,也助长了一些干部的腐败动机。在这种情况下,极少数领导干部放松了政治理论学习和世界观改造,加之受封建社会遗毒的影响和西方腐朽思想文化的侵蚀,理想信念动摇,宗旨意识淡化,有的人甚至错误地认为,中国开始了一个相对私有化的进程,以后的社会将以占有资本的多少来衡量一个人的价值,所以把资本积累当作自己的目标,把自身的价值定位在收入的高低、生活的享受和权力的寻租❶上,放弃自律,拒绝监督,结果思想防线崩溃,"物腐虫生",在金钱、美色面前不堪一击。卢万里在担任铜仁地委书记的时候,就导演过全城卫生大扫除,将某位江湖术士请到地委礼堂为地直机关全体干部作报告的荒唐事。卢在逃亡前,还请这位大师为他掐算平安。他家里还供奉着观音菩萨,只要在家,都要拈香膜拜,净巾拂拭,以求菩萨保佑。盐城市交通局原局长陶超毕业于南京大学哲学系,他认为马克思的哲学讲唯物论,当今社会,讲唯物论就是讲经济,讲经济就是讲金钱。他还认为,光"吃穿"只是温饱型的,"吃穿"加"玩乐"才是小康型、富裕型,结果把人民赋予的权力作为谋私的工具,肆意贪污受贿,最终坠入犯罪深渊。理想是精神的支柱,信仰是行为的源头,当一名领导干部这两样东西发生危机后,就必然会步入歧途。

(2)病态心理诱发腐败动机。主要表现为三种不良心理:一是无愧心理。认为只要不去索贿,不故意在工作中设置障碍逼人家送钱,没有对国家、对工程造成任何损失,人家事后感谢,就受之无愧,而且人家是真心诚意的,你不收对方还有意见,在这种情况下收钱没有多大问题,也"问心无愧"。盐城市交通局原局长陶超就是在这种心理误导下,同时考虑到自己年龄大了,"官路不通走财路",结果导致职务犯罪。二是失衡心理。市场经济使一部分人先富起来,其经济收入远远超过工薪阶层。这种贫富悬殊,使得少数领导干部从以前的政治地位的优越感逐步转变为经济地位的失落感,从而滋生了以权谋私的冲动和急于补偿的心理。江苏交通工程总公司原副总经理黄加彬看到身边那些包工头发了大财,腰缠万贯,心中愤愤不平:"凭资历,论能力,我哪样不比他们强,可就是钱没有他们多!"他转而又想,这些人都是靠他发财的,于是要在他们身上"放点血"。自己拥有的权力,正是包工头所要利用的;而自己需要的,又恰恰是包工头能够提供的。这种心理上的失

---

❶ "寻租理论"产生于二十世纪六七十年代的美国,目前已经成为现代经济学的一个重要的分支学说。把寻租作为一个经济学范畴正式提出的是美国的经济学家安·克鲁格。他在1974年公开发表的《寻租的政治经济学》一文中深入研究了由于政府对外贸易的管制而产生的对租金的争夺,并设计了数学模型对其进行计算和讨论,后来这篇论文被经济学界视为寻租理论的一个里程碑,克鲁格也被视为寻租理论的鼻祖。既然政府政策干预和行政管制能够创造租金,自然就会有人要进行寻求这种干预和管制从而获取租金的活动。这被简称为寻租。需要指出的是,寻租概念中的租金并不是所有的租金,而特指源于掌握稀缺资源的公共权力的租金即权力租。因此,寻租可被称为权力寻租。一般来说,传统经济租的存在及其被获取是合理、合法的,而权力寻租则是不合理、不合法的。

衡和利益上的互补,导致权钱交易"一拍即合"。在不到两年的时间内,仅一个包工头就先后8次向黄加彬行贿共34万元。三是从众心理。极少数党员干部认为社会上一些人贪污、受贿长期得逞,有的"软着陆",有的"腐而不败",没有受到法律追究。对此,他们往往产生认同心理,认为你捞、他捞、我也捞,不捞白不捞。这种认同心理还与自信不会受到法律制裁的侥幸心理相互交织,进而把自己的腐败行为演变为心理上的宽容和外表上的伪装。河南省交通厅"前腐后继"的三任厅长就是活的例证。曾锦城当了9年的河南省交通厅厅长,曾经咬破手指给省委写血书:"我以一个党员的名义向组织保证,绝不收人家一分钱,绝不做对不起组织的事。"继任厅长张昆桐有一个很有感染力的口号:"让廉政在全省高速公路上延伸。"第三任厅长石发亮,在前两任厅长倒下以后,也提出了一个响亮的口号:"一个廉字值千金!"结果当厅长仅仅两年半就东窗事发。卢万里在《交待》中多次谈到,"我是一个人格分离的人,我一方面背着人大搞贪污受贿,严重犯罪;另一方面,又在拼命地工作,尽量把工作做好,让工作成绩掩盖我的犯罪事实。"实际上,他已经蜕变为一个典型的"两面人"。

(3)特权思想产生为所欲为心理。特权心理有两种表现,一是在这些职务犯罪的干部中,往往拥有特权,以管人者的身份自居,自认为高人一等,把党和人民赋予的权利当作耍特权的资本,认为自己可以不受法律约束,凌驾于法律之上。事实上,但凡腐败分子在受到惩处后都会自我反省:"如果当时有人提醒我、监督我,就不会有如此的下场",但悔之已晚。二是缺乏全心全意为人民服务的宗旨意识和为人民甘于奉献的敬业精神,忘记了"权力来自于人民"、"人民公仆为人民"的崇高宗旨。群众观念淡薄,颠倒了主仆关系,忘记了干部的本色是为人民服务。当腐败行为发展到一定阶段时,在特权思想的驱动下,腐败者的心理承受能力会得到显著增强,心理上不再有长时间焦虑,甚至认为无所谓,别人也都是如此,自己并不是惟一的。对于外界的惩罚性刺激能够习惯,虽然也会有心理波动但波动比较小。此外,他们还会通过责任的分担来减轻自己的焦虑,已经基本上不构成内心严重的冲突和痛苦,只是在行动上表现得较为谨慎、不张扬。到后来有的甚至发展到极端的程度,认为自己的行为是理所当然的,慢慢地不再有罪恶感和内疚感,反而存在一种自己无所不能的心理暗示,行动上更为肆无忌惮,为所欲为。同时也伴随着其他极端行为产生,比如说,巨大的经济犯罪同时伴有政治犯罪以至于暴力犯罪等。例如,卢万里明目张胆,巧取豪夺。每一项工程他至少要吃总投资标的2%~5%的回扣,连部队工程队来投标他也照吃不误,仅某部队施工队就被卢万里一口吃了600万元。他的私生活也极其奢侈糜烂,几乎每到周末,就从贵阳飞往广州、深圳去享受"生活"。马德毫无顾忌,公开索贿。据一位涉案的县委书记透露:"在住院期间,马德的秘书便通知,'马书记病了,你们也不来看看。'知道消息了,谁敢不去啊!而且也不能空手去。"住院一个星期马德便收受贿赂240万元。二是以儿子出国留学的名义收受或索取贿赂。三是利用节假日、生日、大量收受他人礼金。在短短5年时间,收受财物折合人民币1000余万元。

三、无处不在:权力的寻租

在交通工程项目立项、招投标、施工、工款结算等各个环节中,权力寻租可谓无处不在。有借逢年过节以"红包"、"压岁钱"等形式进行的行贿受贿;有以打牌娱乐为名故意输钱给对方的巧妙名目;还有以间接利益互馈,如为对方提供通讯交通工具、购置装修房屋、报销各种费用,或为相关人员及其亲属提供各种名义的高档消费、旅游观光、考察学习等。

1. 规划立项阶段

规划立项阶段即工程建设前期的立项论证或可行性研究阶段。该阶段主要为政府控制,具体由交通部门操作。以高速公路为例,由于具有高速公路规划资格的设计院很少,选择哪一家设计院来做规划,主要靠领导决定,目前并没有将规划纳入到招投标范围内,规划费用一般也是协商解决,这就容易引发相关单位通过各种关系、使用各种手段找到相关领导,尽可能拿到项目并争取到多一点的规划费用。

2. 行政审批阶段

交通工程建设领域中的行政审批事项繁多、程序复杂,一个工程项目从立项到开工建设,需要经过发改委、建委、国土局、规划局、卫生局、环保局等十几个部门的40余项审批。由于层层审批的环节过多、周期过长,为尽快通过审批,有的施工单位往往会与一些掌握着审批权的国家工作人员大肆进行权钱交易,从而形成腐败。中国人民大学法学院教授杨建顺用孟德斯鸠的一句经典话语概括审批腐败原因:

"一切有权力的人都容易滥用权力,这是万古不变的一条经验。"他解释说,权力的扩张性、侵略性、腐蚀性特点,决定了没有制约的任何权力都难免被滥用。行政审批阶段腐败的主要形式,一是对不符合法定条件的事项予以审批,为开发商谋取巨额利益,进而索贿受贿;二是内外勾结串通骗取审批,牟取非法利益;三是在审批过程中"吃拿卡要"、"雁过拔毛"。

3. 工程设计阶段

由于工程设计图直接涉及工程造价、规划审批等问题,很容易诱发权钱交易行为,如:委托设计方人员利用选择决定权受贿,一些规划、土地管理等部门对建设单位有制约关系的人员充当"灰色中介",从中索贿受贿,设计方相关人员借机谋取私利等。

4. 招标投标阶段

招投标是工程建设的关键环节。从上述"落马"交通厅(副)厅长腐败案的调查结果来看,其腐败症结几乎都源于公路建设工程的"招投标"。招投标,一剂原本用于反腐的良药,在缺乏规范诚信的市场土壤上,其合法程序反而演变成权力寻租的一块遮羞布,使招投标成为各方瓜分"唐僧肉"的合法外衣。

目前,我国工程建设基本形成了以标底为基础的投标报价体系和以百分制为主体的评标定标办法。这种机制即是先由相关单位预先计算出一个工程造价作为标底,然后根据这个标底,组织专家为投标商打分,得分高者中标。这种招投标机制可以有效控制投资,防止施工方漫天报价,但最大的缺点是不能排除人为因素,在其准备、开标、评标、定标等各个阶段,以及制定招标文件与组织专家评标打分等环节,都容易出现各种人为因素的影响而产生腐败,难以有效防范。最突出的表现就是泄漏标底和贿赂专家,其结果是招投标演变成了"合法化的暗箱操作"。而且这样的招投标办法,还带有比较浓厚的计划经济色彩。政府不仅要制定发展规划、进行项目决策,而且还要筹措建设资金、搭建建设班子、组织项目实施等,这些权力往往集中在一些小部分人手中,也就是领导干部手中。同时,由于大量的资金在短期内集中到交通领域,还没形成一套完整的管理体制,在招标投标、工程分包、物资采购、资金拨付等重要环节,缺乏有效的权利制衡机制和公开透明机制,为滋生腐败提供了土壤。四川省交通厅原副厅长郑道访就曾经采用向评标专家施加影响、达到干预评标结果的目的,实现了权力寻租的不法交易。又如四川雅安的永定桥水库首部枢纽工程,工程概算近3亿元。报道显示,这一国家项目从招标开始,就走上了中饱私囊的轨迹。汉源县副县长兰绍伟作为业主代表,从招标代理方和投标企业受贿58万余元,另有"谁中标吃谁"的远大预期,价码在谈判中从工程总价的1%涨到3%。招标代理中介也获得投标企业的许诺,按照中标价2%到3%返还现金或者直接分包工程。评标专家被代理中介收买,按代理中介的意图说话。投标企业各有势力范围,相互演出"友情陪标"的把戏。

招投标成为腐败高发的罪魁祸首,其腐败形式多样,主要包括:

(1)先入为主,地下运作。有的建设单位早已内定了施工单位或者供货商,不少工程项目没有进入招投标程序前,就已经有了中标对象,从招标条件上为关系人"量身定做",通过对既往业绩、产品品牌等方面的特殊限制,将潜在竞争者拒之门外;接下来是暗中泄露标底信息,使关系人编制的标书可以"照葫芦画瓢",与标底最为接近;然后在评标过程中暗做手脚,搞"定向评标",确保关系人最终能够中标。这种"地下"活动才是真正的招投标实战演习,等进入了市场登记,开始发布工程信息时,招投标活动已经接近了尾声。后期制作阶段,实际上就是走过场演戏了。

(2)超前介入,频频公关。工程建设项目是市场经济条件下非常有限的资源,投标人在抢夺这块资源中都会使出浑身解数,调动一切因素寻找工程信息。有的工程建设项目刚立项,就已有不少开发商开始跟踪,想方设法同建设单位建立特殊的关系,不断地加大投入,取得开发单位关键人物的首肯。同时在寻找监理项目的接触过程中把建设单位或中介人请出来:一是推杯换盏沟通建设单位和中介人的关系;二是歌舞相伴拉近建设单位和中介人的距离;三是坦诚相见表示工程建设项目承揽到手的私下许诺。

(3)利益共享,以权谋私。在觊觎者的操作下,一场招投标成为招标人、投标人、招投标代理机构、评标专家和监督人员分噬国家利益蛋糕的狂欢剧。从项目的招投标形式看,似乎每个环节都是按照法定程序运行的,如在指定媒体发布了公告、公示,从评标专家库抽取评标专家,相关部门派人参与现场监督等。然而,巨大的利益蛋糕,巨大的操作空间,使一些参与建设项目招投标活动的招标人、招投标代理、投标人和评标专家在其中进行利益博弈,一场本该公平公正的竞争,竟成了各方乌烟瘴气的

混战,每一个"合法程序"的结果,都是各个利益团体精心谋划之作。

(4)权力寻租,花样不断。某些领导干部把管辖的地区和部门当成自己的势力范围来经营。有的打着时间紧、任务重的幌子,以"领导交办"代替规定动作;有的直接确定受自己控制的招标代理机构,让其代为出面运作;有的在各种不同场合向相关人员暗示自己的意图;有的干扰和阻挠招投标违法案件的查处;有的授意业主设置苛刻条件逼迫中标企业放弃。权力的胡作非为,在一定程度上造成了工程建设项目招投标更加混乱,建设领域成为近年来腐败问题最严重、最突出的高危地带。

(5)偷梁换柱,低中高结。由于公开招标压缩了承建方的不正当"利润"空间,一些施工企业遂先压低报价中标后,再设法变更合同,追加投资。合同变更的主要方式是"设计变更",即通过贿赂甲方管理层,随意变更设计施工方案,提高工程价款。还有的事先就签订了"阴阳合同",按中标价签订的"明"合同仅提交管理部门登记,实际履行的"暗"协议则高于中标价,甚至包括好处、回扣等内容,以致工程最后投资远远超出预算。

(6)串标围标,非法竞争。承包人为了承揽工程,以串标、围标等非法手段参与竞标的现象,已成为目前业内公认"潜规则"。一旦有工程上马,施工企业蜂拥而至,围标的、串标的、卖标的、买标的、暴力抢标的、借牌围标的,已经到了逢标必串、逢标必围的地步。有的投标企业独自操作,有的则以数家企业的名义做几份不同的标书去围标,有的地方甚至出现了专门挂靠多家有资质的施工企业四处竞标,中标后再转手牟利的围标"专业户",有些施工企业之间甚至达成了轮流中标,并向"陪标"者支付"利润分成"的"君子协定";有的不是真正要争夺争取工程项目,而是相互串通一气通过讨价还价实现双方最大利益;有的是社会混混,空手套白狼,靠借牌、挂靠到处投标赚取好处费,甚至有个别施工企业与黑势力组织有千丝万缕的联系。不管什么形式,围标、串标让投标企业攫取了巨额非法利益,已成为工程建筑领域的毒瘤。

(7)变更失控,损公肥私。有的施工单位通过游说建设单位负责人,采取其他非正常手段,或对建设单位负责人、项目主管人员行贿,擅自变更工程设计,肆意增加额外工程量,对变更增加的工程内容支付相对较高的工程款,最终让投标人获取高额暴利。甚至出现"钓鱼"工程,即申报项目时故意降低投资总额,待开工后再不断追加投资,导致项目建成之时就是工程亏损之日。

5. 工程施工阶段

该阶段出现窝串案中"集体腐败"的现象比较严重,常见的有:一是工程分包、转包层层盘剥渔利。有些资质较高的施工企业通过竞标获得工程总承包权后,通常会分为若干标段交由下属公司组织施工或者承包给资质较低的挂靠施工企业,后者又往往以劳务分包等名义将部分工程转包给更低一级的施工企业,最后由没有任何资质的承包施工队进现场施工。层层转包的结果,必然层层加收管理费、好处费,尤其是承包方为了能拿到工程或挑选好的工程,往往会向掌握发包权的人员行贿。上述各种费用无不转化为"工程成本",最后到了承包人手里难免要偷工减料。二是材料设备选购好处费、"回扣"盛行。在建筑材料及相关设备采购过程中,由供应商在账外暗中以现金、实物或者其他方式退还采购方一定比例的价款,或者给予高档娱乐消费、"考察"旅游等"软回扣"的商业贿赂现象,已成为业内公开的秘密。在选购材料设备时,不是首选质优价廉的产品,而是看对方所给的"回扣"是否足够优厚,有的甚至主动抬高价格签订供货合同,以增加其个人"分成",结果只能是以次充好或价格畸高。三是工程甲乙双方日常行受贿已成惯例。很多承包商或者施工企业为了顺利承揽工程、通过验收或者拿到工程款,除了关键时刻要重点"打点"和"勾兑"之外,平时也十分注重与甲方上上下下"搞好关系";四是现场施工监理也有腐败隐患。工程现场监理的主要职责是对施工单位的建设进度和工程质量进行监督管理,并有权根据现场情况对工程进行变更。没有监理方的签字,施工方一分钱也拿不到。而且监理企业作为中介组织,相对于和业主方的一次性雇佣关系而言,与被监理的施工企业之间更易于达成较为稳定的"业内合作"关系。一旦监理人员被施工方拉拢腐蚀而放弃职责,或者双方结成了利益共同体,无论虚报工程量还是隐瞒施工质量问题都很难被发现。

6. 竣工验收阶段

该阶段主要易发生施工单位贿赂质监机构工作人员及甲方验收人员的问题。主要包括:弄虚作假,隐瞒工程质量问题,让不合格的设备通过验收;双方勾结串通,使施工单位擅自追加的材料或者项目得以追认;随意放宽验收标准,提高工程

验收等级等。

7.竣工结算阶段

该阶段是继工程发包之后"猫腻"最多的一个环节。其主要手法是：一是承包人贿赂、串通建设方人员，虚高造价，骗取建设单位工程款；二是建设方相关人员借工程款结算支付之机"吃拿卡要"；三是承建施工单位内部人员乘机"揩油水"。如一些工程项目负责人采取"倒推"成本的方式，将差额部分转入小金库或者暗中侵吞私分。

四、祸国殃民：坍塌的工程

近年来，全国多地发生新建大桥、新修公路坍垮倒塌事故，由此造成的人员伤亡可谓触目惊心。据有关方面不完全统计，在2007年至2011年5年间，全国范围内公开可查询的桥梁垮塌事故共有15起。事故共造成141人死亡，111人受伤，18人失踪。发生事故的15座桥梁中，仅有3座至事发时使用时间超过15年。悲剧频频发生，这究竟是天灾还是人祸？

在针对上述桥梁坍塌事故所公开的调查报告或结论中，目前尚无一起官方调查结论明确事故为桥梁本身质量导致。比如：湖南凤凰沱江大桥事故被认定为赶工期等原因所导致的重大责任事故；湖南株洲红旗路高架桥倒塌事故被株洲市政府通报为存在人为因素，系犯罪嫌疑人在不具备相应资质的情况下，以挂靠方式中标爆破所致；辽宁抚顺月牙岛西跨河大桥坍塌，最终被认定为违章操作所致；河南栾川伊河大桥整体垮塌事故确认造成53人遇难，13人失踪，当地官方称事故系特大暴雨袭击所致；重庆涪陵红泥桥部分桥面垮塌致1人重伤，官方调查称事故主要是因为连续降雨所导致；致2人遇难、4人下落不明的湖南平江范固桥垮塌事故，官方给出的事故原因是当地突发洪水，上游砂船被洪水冲下撞击桥墩所致；另外，重庆涪陵红泥桥垮塌事故、吉林锦江大桥垮塌事故、福建武夷山公馆大桥垮塌事故以及杭州钱江三桥部分桥面塌落事故等4起事故被明确或提及车辆超载超限所致，哈尔滨阳明滩大桥事故发生后，尽管外界有诸多质疑，但事发后当地政府以及相关专家初步给出的调查结论仍是，事故发生与车辆超载有直接关联，并未提及事故发生与桥梁本身质量之间可能存在的关联；云南及新疆的两起垮塌事故被认定为桥梁年久失修所致。此外,还有两起事故未能查阅到相关调查结论。

相比之下,历经近千年风雨仍旧屹立不倒的卢沟桥,重新映入公众眼帘:1957年1月,北京市文物、交通运输、市政设计、基建等部门,曾对该桥的承载能力进行科学实验。实验结果表明,400多吨重的超限大件平板车,安全地通过了这座古老的石桥。卢沟桥进行实验时所荷载的重量,恰与哈尔滨官方初步公布的超载车辆总重相当;历时八年建成,服役已44年的南京长江大桥经受的考验则更为苛刻。这座汇集全国桥梁专家集体智慧构建而成的大桥初步建成时,时为南京军区司令员的许世友,曾调来近百辆坦克同时开过桥面,以检验大桥质量;建成于1957年的武汉长江大桥的桥墩,曾于2011年6月6日遭到一艘万吨级油轮撞击,却几乎毫发无损。从建成通车至今,该桥先后遭到过70多次撞击,但依然能保证火车和机动车的正常通行。

为何当今的桥梁如此"短命"?它们集体"非正常死亡"的真正原因究竟是什么?针对多地官方指出超载超限为引发事故的主要原因,业内专家承认,这是诱发事故发生的直接原因之一,但桥梁本身存在的质量隐患才是事故频发的主因。中国工程院院士、土木工程结构和防护工程专家陈肇元就曾在名为《大桥坍塌建设速度是否过快?》的公开信中指出,事故频发和工程设施的短寿,是"先天不足,命该注定",认为桥梁垮塌事故频发有三个深层次原因:首先,桥梁建设速度是否过快,不少工程在客观上就不可能做到精心设计和精心施工,有时还因献礼需要得提前竣工,再加上违反市场规则,有的公共工程建设费用不到位。其次,工程质量较差是因我国的工程设计和施工技术规范或标准的最低限度要求偏低,建成后先天不足,不能寿终正寝乃是命该注定。第三,工程长期使用过程中缺乏定期检测和维修,有些事故本可避免而不能及时加固处理。

同济大学桥梁施工及信息技术研究室主任,中国公路学会桥梁与结构工程学会理事石雪飞亦指出,工程建设中存在的超实际承担能力抢工期、行业保护、工程建设中存在的腐败因素、不充分竞争等也是导致新建桥梁事故频发的重要原因之一。

《环球时报》专门刊发社论称:所有新建大桥的垮塌无一例外都是责任事故,它们都垮在建设及使用过程的管理上。

应该说,频频发生的桥梁坍塌事故,既有"天灾"因素,更难逃"人祸"厄运。尽管公开的官方调查结论没有明确指出这一点,但公众的质疑从未间断过。

1. 史上最短命公路

云南新平县一条投资21亿元兴建的二级公路,试通车第2天就发生坍塌事故,造成2死2伤。这条公路被网民封为"史上最短命的公路"。

更离谱的是,公路坍塌事故发生后,云南省国土资源厅和交通运输厅分别派出了专家组进行调查。但专家的认定结论居然是,公路设计、施工都没问题,要怪就怪"雨太大"。一场大雨就能冲毁一条新公路,这样的大雨到底是百年未遇,还是史无前例呢?为何新公路坍塌,而旧公路却稳如泰山呢?

显然,这宗事故的背后并不是天灾。据调查,在公路建设后期,新平县喊出"大干快干六十天"的口号,以此倒逼工程进度,工人们不得不加班加点。其实,建设当局忘记了一个很简单的道理,凡是路基建设都有一个沉降过程,如果时间不够,容易导致沉降不够、路基不结实;加上新公路沿途地质脆弱、灾害频发,一直是洪涝和地质灾害较为严重的地区。在明知地质环境特殊的情况下,还去赶工期求速度而埋下安全隐患,这难道不是人祸吗?更让人震惊的是,这条公路在开建前根本就没有得到上级主管部门的批准,而通车之前,又根本没有通过验收,也就是说,这条长90km的公路竟然是未批先建,未验先通,不出事才怪。

修路是关乎国计民生的百年大计,要不要修、何时修、怎么修,都应经过充分调研、严格论证后才作出科学决策,但是,新平当局盲目草率拍板,他们眼中只有利益在招手,为了些许补助款,什么规律、规定都可以不要,金钱迷眼而不见人命,致使小小天灾变为巨大的人祸。这种轻人命而重政绩、轻民生而重形象的歪风,在内地早已屡见不鲜。

如:2012年云南省红河州绿春县一条通往元阳的二级公路发生坍塌,造成2人身亡、2人受伤,而这条公路才刚刚试通车2个月;2012年6月19日,即将竣工通车的辽宁抚顺月牙岛西跨河大桥发生不明原因坍塌,官方至今没能给出让人信服的解释;2012年7月3日右,南京一新建跨河木质廊桥在风雨中发生坍塌,致1死5伤。据介绍,倒塌的木质廊桥为2011年6月建成的该市环境整治工程项目之一,仅建成一年就发生这样的惨剧,被市民质疑为"豆腐渣工程"……

2.甘肃省天水至定西段高速公路

修高速难,在西北修高速相对更难,在地形狭长资金短缺的甘肃来说,修一条高速那更是难上加难。从 2007 年开始,甘肃开始修建天水到定西的高速公路,这条路被称作是甘肃高速通道中的咽喉,备受各界期待。这条高速在历时 4 年时间,耗资 87 亿元人民币之后终于全线通车。然而通车仅仅几个月,意想不到的事情就发生了。

从拍摄到的画面看,高速路上地面坑洼不平,补丁随处可见,不少沥青路面被碾压后像被割开一道道裂口,行车道上大坑槽密集的连在一起,绵延近 30km。

这条 235km 长的天定高速公路,是连接我国东、中、西部的骨干道路——连霍(连云港至霍尔果斯)高速公路的重要组成部分。按照建设方案的设想,建成后天水到兰州的行车时间,将由 5 小时缩短至 3 小时,西安到兰州的行车时间,将由 10 小时缩短至 6 小时,直接惠及沿线近 700 万人口。

然而,令人意想不到的是,这条被称为"畅通甘肃东大门的发展之路、希望之路",通车约半年竟出现如此严重的坑槽、裂缝、沉降等重大病害,部分路段不得不铲除重铺,其质量问题饱受质疑,被当地居民称为"豆腐渣工程"。

3.哈尔滨阳明滩大桥整体坍塌事故

2012 年 8 月 24 日 5 时 30 分左右,通车不到 1 年的哈尔滨阳明滩大桥发生整体坍塌,造成 4 辆货车坠落,官方称当场造成 2 人死亡、6 人受伤,1 名伤者被送到医院后经抢救无效死亡。阳明滩大桥号称我国长江以北地区桥梁长度最长的超大型跨江桥,大桥总投资 18.82 亿元人民币,工期仅 18 个月,桥长 15.42km,桥宽 41.5m,双向 8 车道,设计时速 80km/h,最大可满足高峰期每小时 9800 辆机动车通行。

事故发生后,哈尔滨市政府通报了事故调查结果,认定事故是由于车辆严重超载而导致的匝道倾覆,车辆翻落地面,造成人员伤亡的特大道路交通事故。事故直接原因为车辆严重超载,间接原因为交警未发现事故车辆经过其管辖路段,路政巡查工作出现疏漏、处罚后没按规定采取卸载措施等。然而,针对"严重超载"这一调查结果和道路交通事故的定性,同样受到了公众的质疑。多位路桥专家也对调查结果表示不认同,普遍认为应该从桥梁的设计、施工质量等方面寻找原因,而不能仅将事故责任归咎于超载(图 4)。

4.河南栾川汤营大桥垮塌事故

2010年7月24日下午5时20分,河南洛阳市栾川县潭头镇汤营大桥整体垮塌,桥上近百名人员落入水中,其中有汤营村村民、附近石门村村民及部分游客。事发时桥面上有不少车辆行走,当时浑黄的河水中满是挣扎的人手,惨不忍睹。垮桥造成近百人死亡。233m的桥面似刀切般断成数截,石块及水泥支离破碎地散布在河床上,部分基石被洪水冲走,只剩下桥两头的汉白玉栏杆和四根电线杆。垮塌的桥面和裸露的桥墩未见有钢筋,而唯一见到的两根钢筋竟然没有手指粗。在洪水过后的河岸边,到处是碎石和连根拔起的树木,大桥下游数十米外有汉白玉栏杆、拖鞋等物。令人气愤的是,大桥此前曾出现局部坍塌,2009年刚刚完成大修,却成了面子工程,桥面增加了汉白玉栏杆,铺设了新的沥青路面,没有巩固桥基。

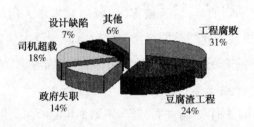

图4 阳明滩大桥事故公众意见构成图(图片来源:军犬,2012-09-06,http://www.54yuqing.com)

5."8·13"堤溪沱江大桥特别重大坍塌事故

堤溪沱江大桥工程是湖南省凤凰县至贵州省铜仁大兴机场凤大公路工程建设项目中一个重要的控制性工程。2003年6月,湖南省交通厅批准了凤大公路工程项目初步设计,并于同年12月批复了凤大公路项目开工报告。堤溪沱江大桥于2004年3月12日开工,计划工期16个月。事故发生时,大桥腹拱圈、侧墙的砌筑及拱上填料已基本完工,拆架工作接近尾声,计划于2007年8月底完成大桥建设所有工程,同年9月20日竣工通车,为湘西自治州50周年庆典献礼。

2007年8月13日16时45分左右,湖南省凤凰县正在建设的堤溪沱江大桥发生特别重大坍塌事故,造成64人死亡,4人重伤,18人轻伤,直接经济损失3974.7

万元。调查表明,湘西自治州政府在沱江大桥工程建设项目立项审批过程中,违反有关规定,要求州有关部门弄虚作假,补办、倒签有关文件;要求赶工期,向"州庆"献礼。初步查核湘西自治州有关部门和凤大公司相关责任人接受贿赂,金额从几万元到几十万元不等。

类似这样的悲剧仍在一幕幕上演:2011年7月14日上午,建成不到12年的武夷山公馆大桥轰然倒塌,一辆旅游大巴车坠入桥下,造成1死22伤的惨剧;7月15日凌晨,杭州钱江三桥又发生桥面塌落事故,一辆重型半挂车从桥面坠落;7月11日凌晨,江苏盐城境内328省道通榆河桥发生坍塌,两辆货车坠落……

据有关方面不完全统计,从1999年至2011年短短10多年里,全国发生的较大桥梁垮塌事件就有30多起。事故背后更有不少鲜活的生命付出代价。以下是2010年以后桥梁垮塌的部分名单(表1)。

2010年以后桥梁垮塌盘点 表1

坍塌时间	坍塌大桥	背景	建成时间
2012.8	哈尔滨阳明滩大桥	引桥发生整体塌落,至少3车坠桥,3人死亡,5人受伤(截止到2012年8月24日上午10时)	2011.11
2012.6	抚顺月牙岛西跨河大桥	当地政府初步调查结果:违反操作规程导致的责任事故	未竣工
2012.5	湖南平江范固桥	特大暴雨形成洪水,冲击采砂船撞击桥墩导致桥体垮塌,9人落水,其中2人遇难,4人失踪	1998
2011.7	杭州钱江三桥	辅桥主桥面右侧车道部分桥面突然塌落,1辆重型半挂车坠落	1997
2011.7	福州武夷山公馆大桥	桥梁北端发生垮塌,1辆旅游大巴坠落桥下,1人当场死亡,22人受伤	1994
2011.7	江苏滨海县通榆河大桥	突然发生坍塌,2辆卡车坠入河中,坍塌原因不明	1999
2011.5	长春荣光大桥	桥面陷落面积约70m²,1辆货车坠入河中,车上2人不同程度受伤	1989年建成1995年扩建
2011.4	新疆库尔勒孔雀河大桥	主跨第2根吊杆断裂,造成主跨3、4、5道矮T梁掉入河中,造成约10×12m的大桥路面垮塌。该桥是整个西北地区最大的跨径钢筋混凝土拱桥	1998

续上表

坍塌时间	坍塌大桥	背景	建成时间
2010.7	河南栾川汤营伊河大桥	暴雨引发洪水,导致大桥整体垮塌,死亡67人,失踪22人	1988年建成 2009年重修
2010.6	吉林省道锦江大桥	大桥突然垮塌,2车坠入桥下,6人受伤	1970
2010.5	重庆涪陵红泥桥	桥面垮塌50m左右,1辆货车坠入20m深的山谷;经调查给出的结论是"连续降雨导致垮塌"	1998

来源:东江时报 中国新闻,2012-8-25,http://e.hznews.com/paper/djsb/20120825/A09/2/

每当发生"桥塌塌"、"路垮垮"事件后,从公开的官方正式调查结论或报告中,公众总是看到这样的结论:或者是车辆超载超限严重,或者是设计、建造技术问题,或者是竣工验收问题,或者是定期检修问题等,而几乎无一例明确是由工程本身的质量问题造成的。然而,事实果真如此吗?

具有讽刺意味的是,"同桥不同命",与那些建于民国战乱年代、大饥荒年代,甚至肩扛背驮的古代的大桥,比如:南京长江大桥、武汉长江大桥(图5)、钱塘江大桥,甚至赵州桥相比,现代桥梁建设在技术、资金、材料方面远非昔日能比,而桥梁质量却出现了倒挂,撼不动的老桥不仅成为中国桥梁史的丰碑,更是与当代中国"桥塌塌"、"路垮垮"制造者们形成强烈的对比!

图5 武汉长江大桥(图片来源:新浪湖北,2012-11-05,http://hb.sina.com.cn)

据了解,曾获鲁班奖、詹天佑奖的湖南路桥建设集团近十来年承建的湖南凤凰大桥、广东九江大桥、株洲红旗路高架桥、钱江三桥等四座大桥中有三座大桥都发

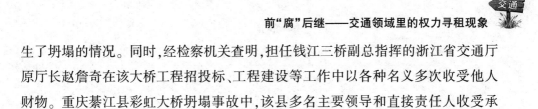

生了坍塌的情况。同时,经检察机关查明,担任钱江三桥副总指挥的浙江省交通厅原厅长赵詹奇在该大桥工程招投标、工程建设等工作中以各种名义多次收受他人财物。重庆綦江县彩虹大桥坍塌事故中,该县多名主要领导和直接责任人收受承包人回扣,栾川潭头伊河汤营大桥垮塌桥面桥墩未见钢筋,湖南凤凰县在建大桥垮塌,施工过程存在严重的偷工减料。

针对事故暴露出的矛盾和突出问题,国务院采取了一系列坚决有力的措施,制定了多项行政法规,明确要求监察部严肃查处责任事故,在调查事故的同时,加强与司法机关的密切配合,严肃责任追究,深挖事故背后可能隐藏的失职渎职、官商勾结、权钱交易的腐败问题。

五、铁窗余生:无尽的忏悔

1. 卢万里的《交代》

卢万里:贵州省交通厅原厅长,在贵州公路建设中疯狂敛财,6年间贪污受贿6000多万元,交通系统10余名干部相继落马,涉案违纪违法金额上亿元,创下贵州经济案之最。2004年5月10日,贵州省贵阳市中级人民法院公开宣判,一审判处贵州省原交通厅长卢万里死刑,剥夺政治权利终身;2005年12月16日,经最高人民法院核准,被依法执行死刑。

时光倒流。2002年11月3日,是卢万里58岁的生日。此时的卢万里已经被送回贵阳继续"两规",专案组的领导特意嘱咐给卢万里买来一个生日蛋糕,办案人员还为他插上了6支小蜡烛。在谈到卢万里生病卧床的90岁老母时,谈到铜仁地区沿河、印江老百姓的苦日子时,烛光里的卢万里哭了,是那种强自压抑却又无论如何也控制不住的吞声饮泣。从抵触、抗拒到认罪服法,忏悔从前的种种太不应该,一个迷失了家园的灵魂,终于开始为自己的沉沦痛悔。在长达23页的《交代》里,他这样写道:

"随着我贪污受贿数量的增加,我将受到法律严惩的恐惧也在增加。我是一个人格分离的人,我一方面背着人大搞贪污受贿,严重犯罪;另一方面我又在拼命工作,尽量把工作做好,让工作成绩掩盖我的犯罪事实。"

"我对不起贵州三千多万各族人民。对我所犯下的罪行,不管是组织掌握的还

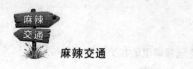

是不掌握的,我都坦白交待。所有赃款赃物我都全部退出,真正以实际行动向党组织悔罪,向贵州三千多万人民悔罪,向我高堂老母悔罪。"

卢万里A面人生:闪光、清廉

卢万里是农民家庭出身,家境贫寒,上学读书享受助学金,是党和人民一手培养起来的党员领导干部。从1985年起,先后担任贵州省交通厅副厅长、党组副书记、铜仁地区行署专员、地委书记等职。1996年出任贵州省交通厅厅长、党组书记并兼任贵州省高速公路开发总公司(下称"高开司")总经理。

上任伊始,卢万里就扑到了贵(阳)遵(义)高等级公路的建设上,过去仅完成工程量20%的贵遵公路,10个月就修好了。贵阳东出口公路也很快竣工通车了。长达8780km的国道、省道"保畅工程"基本完成。随后是贵新公路通车,贵毕公路通车,凯麻公路通车,玉铜公路通车。贵州的南下辅助通道终于畅通,从贵阳至北海,一天即可到达。

这就是卢万里闪光的A面。按卢万里自己的说法,"1997年以前,我真的一尘不染,听党的话,跟党走,克己奉公为人民服务,我奉行了30年。"

卢万里B面人生:堕落、腐败

卢万里的转变是因为1997年贵州省换届,想当副省长的希望破灭,心理失去了平衡,顿觉仕途无望,心灰意冷,"转而就打算从经济上捞一把。"他采取种种手段捞钱,又善于伪装和作秀,上报纸、电视的频率很高,加上全国人大代表的光环,直至案发被调离交通厅之前,不少人仍认为他是一个能力强、善协调的干部。作为贵州省交通厅一把手,卢万里集党政大权于一身,无人可对其制衡。卢既是厅长,又是"高开司"总经理、法人代表,集"裁判员"和"运动员"于一身,"高开司"变成了他的个人领地。他可以随意越级提拔任用自己的心腹,使上下级之间形成了一种人身依附关系、钱权交易关系。他们相互利用,奉卢万里为"大哥",拉帮结伙,结党营私,形成既得利益集团和腐败网络。

贵州省重点公路建设的工作主要是由"高开司"来组织实施的,1998年到2002年间,国家在贵州公路建设项目上共投入资金280多亿元。卢万里的违纪违法、以权谋私,就主要发生在"高开司"的工程招投标和材料采购等方面。

其捞钱手法之一是:在整个招标、邀标过程中,通过自身影响帮助竞标企业中标,企业则按约定"孝敬"他。某工程队为表感谢,几年间就送上好处费380万元;手法之二是:插手工程材料及设备的采购,与企业或他人相勾结,中间转手赚钱。在采购贵新高等级公路波形梁、钢板网时,他通过这种手法就到手250万元。手法之三是:自办公司,直接投标或强行分包。卢万里及其儿子卢斌实际控制的贵阳环城高速公司先后分包了凯麻高速公路一些标段路基工程,随后又直接"投中"水黄高等级公路和关兴高等级公路部分标段,父子俩从中提走"好处费"400多万元。

在卢万里腐败案件中,工程招投标、设计变更、资金拨付、材料采购、质量监理等工程建设过程中关键环节严重失守,没有完善的监督制约机制和对施工方的有效监督,是卢万里腐败团伙屡屡得手的重要原因。

审计署下属的几家特派办,先后三次审计贵州重点公路国债项目时均发现问题,并提出整改建议。但卢万里全面封锁情况,不让厅党组和厅直有关部门过问,并继续索贿行贿大行其道。

2. 毕玉玺的《忏悔书》

毕玉玺:北京市交通局原副局长、首发公司原董事长,2005年3月16日因受贿、私分国有资产罪被一审判处死刑,缓期两年执行,剥夺政治权利终身,并没收个人全部财产。

面对法律的庄严判决,毕玉玺显得很平静,没有当庭表示是否上诉。但是在监狱中面对镜头时,他却是痛哭流涕,追悔莫及。他说:我什么都不缺,我得到的不少了,能得到的都得到了,可还是不平衡,我的父母从小就教育我,一根铅笔头一个火柴棍也不能看作是好的,我辜负了我的父母对我的教育。他在《忏悔书》里写道:

我是多年受党教育培养的领导干部,又是普通农民的孩子,也是党培养教育长大成人的。本应为党为人民更好地工作、服务。但由于自己长期不认真学习,不认真改造世界观,淡忘了党组织,淡忘了人民,也忘记了自己是个党员领导干部。因此自己思想上逐渐发生变化。从工作上的懒惰,生活上贪图享受到极端自私的个人主义。随着地位的提高,权力的增大,忘记了各方面的监督,目无党纪国法。从开始自己占便宜,逐渐演变收受巨额贿赂和非法所得,到了不可收拾的地步。自己心理发生严重扭曲,给党和人民造成极坏的、不可挽回的恶劣影响,从而走上了严重的犯罪道路。

自己逐步走上犯罪道路的主要原因:一是长期不认真学习,特别是党的基本理论和党纪国法;二是长期不能接受监督,喜欢干什么就干什么,极力放纵自己;三是唯我独行的工作作风,工作上有些成绩就狂妄自大,工作方法上往往独断专行;四是思想懒惰,工作上讨价还价,个人利益占了上风;五是心理不平衡,利欲熏心的赌徒心理,占有欲心理太强。

1990年,毕玉玺从县长职务调到交通局任副局长,看到自己的同事甚至部下得到提拔重用,让毕感到了极度不平衡。正是这种不平衡,让毕玉玺一度患上了"抑郁症"。在交通局工作期间,毕一直感到不被重用,也埋下了毕以权谋私的伏笔。毕在庭审中回忆他收受第一笔钱财时说,1994年,他利用职务之便为港商承揽工程提供便利,当时对方提出付他"佣金",当时说不要,后来说就先放在他那吧……也正是这3.2万美元的贿赂使毕从此一发不可收拾。

从1993年到2004年间,毕玉玺先后任职北京市交通局副局长、首发公司董事长、首发房地产公司董事,他利用多种名义先后77次受贿,折合人民币共计1004万多元。他的敛财招术包括:

一是在工程项目建设中大搞权钱交易。毕玉玺曾收受港商苏某给予的工程"佣金",在国内事先密谋,事后又指使该人存入毕玉玺在香港花旗银行开立的个人账户,从密谋到实施达10年之久。

二是以子女出国留学为名收受或索取贿赂。毕玉玺及其妻王学英(涉嫌共同受贿罪,另案处理)经常故意在公开场合说其子留学费用高,暗示他人"送钱",有求于毕玉玺的人自然"心领神会"。姜某便以合办公司名义将31万美元存入在国外留学的其子个人名下。

三是利用节假日、生日大肆接受他人送的礼品、首饰、银行储值卡、饭店娱乐消费卡等。据毕玉玺交代,近年来每年春节毕玉玺都能收到他人送的各种银行卡、消费卡,价值人民币30万余元。

四是借出国(境)开会、外出旅游收受他人钱物。毕玉玺及其妻王学英每年都有机会出国(境)、到外地开会、旅游。行贿人余某专门打听毕玉玺的出国时间和地点,以造成在国外的"巧遇",先后四次贿赂毕玉玺17万美元,以及价值人民币4万元的钻戒。

五是以"玩牌"(主要是"扎金花")名义赌博,从中收取下级、不法商人故意输给的巨额现金。涉嫌行贿罪的犯罪嫌疑人兰某(个体商人)的公司没有任何资质,但通过毕的帮助承揽到首发公司大量土方工程,仅此一项年收入800万元。兰某通过赌博故意输给毕玉玺累计数十万元,为此还得了绰号"兰精光"。

3. 马其伟:"亲情把我绊倒在高速公路上"

马其伟:原湖南省交通厅副厅长,兼省高速公路建设开发总公司副总经理,1999年3月退休。他因伙同家人、亲友收受巨额贿赂于2000年5月30日被捕。长沙市中级人民法院于2001年8月一审以受贿罪判处其死刑,缓期2年执行;2002年5月31日,湖南省高级人民法院二审以受贿罪改判他为无期徒刑,剥夺政治权利终身,并处没收人民币、美金、港币、股票折合人民币共计60余万元。

1955年,马其伟从杭州土木工程学校毕业后分配到湖南省公路局工作,1983年任省公路局局长,1991年任省交通厅副厅长,1996年兼任湖南省长永高速公路股份有限公司董事长和湖南省高速公路建设开发总公司副经理。马其伟的人生逆转是从其妹妹马其英到湖南打工开始的。

由于马其伟握有主管全省公路重点工程及兼任省交通厅招标领导小组成员等重要职权,在一些公路、桥梁建设施工单位看来,他简直就是一个"财神";对他的家人来说,他更是一棵神奇的大树。妹妹马其英靠着他,只几年工夫,就接受了90余万元贿赂;他的小女儿靠着他,只几年时间就收受贿赂110万元;他的二女婿黄俭靠着他,几年时间收受贿赂也达15万多元。

世上没有不透风的墙。经过半年的缜密侦查,检察机关掌握了马其伟等人的重大犯罪事实。马其伟利用他掌管全省高速公路建设工程的权力,采取透漏有关招标内幕,帮助他人中标,或向下属打招呼、分包工程、承揽业务等,先后伙同其妹马其英、其女马骥和女婿黄俭等人,单独和共同收受贿赂13次,计人民币236万余元,港币5000元。就这样,一个曾经的交通厅副厅长,被亲情绊倒在高速公路上!

高墙,铁窗,往日不可一世的副厅长,等待他的将是漫漫的牢狱之路。痛定思痛,回首往事,马其伟追悔莫及。他说:"我为了使亲属、自己生活得更舒适些,不惜利用手中的权力和职权范围内的影响,去谋取不义之财。还有一个重要原因是我的亲情观念太浓,为自己、家庭和家族的利益考虑得太多,发现亲属中有

利用我的职权和职务影响捞取钱财的苗头时,没有用正确的亲情观和幸福观去教育他们,有的只是儿女情长,往往用感情代替原则。到头来,既害了自己,也害了亲属和家人。"

在2003年2月9日的湖南省直机关现身说法报告会上,马其伟含泪自诉了自己的堕落史,并从内心深处发出了真诚的忏悔:

"在我近40年的奋斗中,党和人民给过我极大的信任和荣誉,培养我成为一名正厅级干部,对于这一切我却没有好好珍惜,回忆往事真令我痛心疾首,深感内疚和自责。在未来漫长的改造生活中,我决心脱胎换骨,重新做人,用自己的劳动汗水和满腔热情,投入到积极改造的行列,做到认罪服法,真诚悔过,力争减刑,早日回到社会,与亲人团聚,安度晚年。"

"只有饱受寒冷的人,才深感太阳的温暖;只有失去自由的人,才懂得自由的可贵。希望身居领导岗位的人一定要珍惜今天的地位,为人民掌好权用好权,千万不能有私心、贪心,不能有任何侥幸心理,要知道,粗茶淡饭不是亏,平平安安才是福啊!"

4.程孟仁:严重违纪被"双开"

程孟仁:贵州原交通厅长。2014年4月24日中纪委网站发布消息称:经查,贵州省交通运输厅副厅长、厅长期间,利用职务上的便利,为他人谋取利益,个人、伙同情妇收受巨额贿赂;违反规定,收受礼金;违反社会主义道德,与他人长期保持不正当两性关系。程孟仁的上述行为严重违反党纪政纪,其中有的问题已涉嫌犯罪移送司法机关处理。根据《中国共产党纪律处分条例》、《行政机关公务员处分条例》的有关规定,近期,经中共贵州省纪委常委会审议并报中共贵州省委批准,决定给予程孟仁开除党籍、开除公职处分,没收其违纪所得。

1953年9月生的程孟仁是贵州省道真仡佬族苗族自治县人,30岁时就当上了道真仡佬族苗族自治县县长。10年后,40岁的他担任遵义地区行署副专员,进入到厅级领导干部行列。2002年1月,时任遵义市副市长的程孟仁调任贵州省交通厅副厅长。5年后升任省交通厅长,至2012年底,59岁的程孟仁退居二线,担任贵州省政协提案委员会副主任。

当地政经人士告诉《第一财经日报》,2007年以来,经济最为落后的贵州为了改变落后面貌,展开了交通大建设,包括贵广高速在内的一些大项目纷纷上马,涉及的资金和项目非常多,而这几年又恰好是程孟仁担任交通厅一把手的时期。

对于程孟仁的涉案金额,上述人士称,"当然这些钱很多不是直接到他兜里,而是在某些场合中让一些企业老板关照他的情妇,有些老板很懂,就把不少项目和工程给他情人。此外,也还涉及其他一些腐败的事情。"

由于手上掌管包括全省高速公路在内的一系列交通工程,涉及的工程和资金很多,因此交通厅的高官往往成为工程承包方和建筑材料商的"攻克"对象,近年来交通系统成了腐败的高发领域。

六、解救良药:前"腐"不再后继

全国十几位交通厅厅长前"腐"后继,反映出交通建设体制确有漏洞。从经济学角度看,中国交通投资体制是在交通系统内部封闭运行,交通工程建设的过程处于绝对垄断状态,由政府官员直接运作,使得他们有可能通过垄断地位"设租",然后有人"寻租","寻租"过程就是腐败过程。

目前,我国尚未形成有效制约腐败的制度约束机制。从权力寻租的角度看,公权力过大、权力缺乏制衡,则必然导致腐败。若没有对权力垄断的约束,即使我国在反腐倡廉中支付高额的经济成本,仍难以破解中国的权力腐败问题。因此,应当通过加快市场化改革、建立完善监督约束机制、改革行政审批制度、增大寻租成本等途径来有效遏制腐败现象的出现。

(1)推进市场化改革,打破权力垄断。权力的稀缺性和垄断性,是腐败滋生的土壤。解决这种体制缺陷的最根本途径就是市场化,让民间资本进入。因此,政府应大力推行资源配置的市场化,坚持市场化改革道路,尽可能使生产要素和稀缺资源通过市场机制进行配置,尽快实施项目、资金、市场互相分离、彼此制衡的交通投资体制改革,用市场化机制将交通厅长们解救出来。

(2)加强制度建设,推进"内外结合"的监督机制。权力导致腐败的原因之一就是监督缺失。要遏制公权力的滥用,就应推行政务公开,减少腐败发生的几率。同时应加强法治建设,建立对公共部门行为的制衡机制,引入公开和透明的内外部监督机制,包括官员个人财产、权力分配和运作过程、预算决算和司法的公开,以及

媒体监督与质询等一系列制度设计,扩大社会公众的知情权和监督权,推行官员问责制。

(3)提高政务信息的透明度,推动电子政务的发展。权力导致腐败产生的条件之一是信息不对称。我国要严格控制行政管制的权限范围,消除政府与公众之间的信息壁垒,增强政府信息公开的力度,增强行政管理的透明度,推动电子政务的发展,进而通过权力制衡和权力监督有效治理腐败,真正实现政府官员从"权力主体"向"责任主体"的转变。

(4)加强惩罚机制,增大寻租成本。一是应加大对权力寻租的打击力度;二是制造舆论压力,增加腐败者的精神成本。同时完善激励机制,削弱寻租动机,增加廉政收益。

关键词:

(1)租和寻租

(2)权力

(3)腐败

(4)交通工程

(5)前"腐"后继

(6)特权思想

(7)招标投标

(8)围标串标

(9)权钱交易

(10)厅长落马

思考与讨论:

(1)腐败有哪些危害?它产生的原因有哪些?你认为腐败能消除吗?为什么?

(2)结合当前国家加强各领域反腐的形势,谈谈你对反腐紧迫性和必要性的认识。

(3)谈谈工程建设领域的腐败形式有哪些?为什么会有这些腐败?

(4)从权力寻租角度谈谈工程建设领域的腐败现象。阐述寻租与腐败的关系(区别与联系)。

(5)你认为还有哪些领域或行业也是权力寻租型腐败的高发区?为什么?有什么危害?

(6)如何针对交通工程领域这样一个关系国计民生的行业加强反腐治理?你有什么好的建议?

参考文献:

[1] 沁园春.沱江大桥倒塌[J/OL].2007年8月16日,http://youxin886724.blog.sohu.com/59942822.html

[2] 中国首次发布《中国公路水路交通运输发展报告》[J/OL].来源:新华网,2013年9月26日,http://news.xinhuanet.com/politics/2013-09/26/c_117522824.htm

[3] 19年来全国已有14名省级交通运输厅厅长落马[J/OL].来源:人民网,2014年4月25日,http://news.xinhuanet.com/2014-04/25/c_126432999.htm?prolongation=1

[4] 17位厅长"落马"交通系统缘何成腐败重灾区[J/OL].来源:新华网,2005年3月29日,http://news.xinhuanet.com/legal/2005-03/29/content_2758332.htm

[5] 漫话天下:被同一个东西绊倒(四任交通厅长连续落马理当问责用人失察)[J/OL].来源:光明网-光明观察,2011年1月7日,http://guancha.gmw.cn/2011-01/07/content_1527296.htm

[6] 中央纪委印发《党员领导干部违反规定插手干预工程建设领域行为适用〈中国共产党纪律处分条例〉若干问题的解释》[J/OL].来源:人民日报,2010年5月18日2版,http://paper.people.com.cn/rmrb/html/2010-05/18/nw.D110000renmrb_20100518_1-02.htm

[7] 截至今年4月底共受理举报线索17269件、结案8656[J/OL].来源:中国政府网,中央政府门户网站(www.gov.cn),2010年5月20日,http://www.gov.cn/wszb/zhibo391/content_1609948.htm

[8] 国务院召开第三次廉政工作会议 温家宝发表讲话[J/OL].来源:国务院办公厅,中央政府门户网站 www.gov.cn,2010年3月23日,http://www.gov.cn/ldhd/2010-03/23/content_1562864.htm

[9] 习近平在十八届中央纪委三次全会上发表重要讲话强调强化反腐败体制机制创新和制度保障深入推进党风廉政建设和反腐败斗争[J/OL].来源:人民日报,发表时间:2014年1月15日,http://www.dangjian.cn/sy/jjq/tt/201401/t20140115_1693309.shtml

[10] 交通系统腐败现象的成因与对策[J/OL].来源:常州市交通局官网,2012年2月22日,http://www.cztv.com/s/2012/folder8812/gdbd/2012/02/2012-02-223225724.htm

[11] 潘其胜,刘霞,领导干部腐败心理的演变过程及应对措施[J/OL].来源:莆田机关党建网,2006年4月8日,http://www.ptjgdj.gov.cn/djyj/gzdy/ffcljs/20060408/P99994364.shtml

[12] 乔如梁,交通基础设施建设领域腐败现象探微[J/OL].来源:江苏交通网,2009年11月29日,http://www.jscd.gov.cn/art/2009/11/29/art_4054_373834.html

[13] 领导干部腐败心理的演变过程及应对措施[J/OL].来源:莆田机关党建,2006年4月8日,http://www.ptjgdj.gov.cn/djyj/gzdy/ffcljs/20060408/P99994364.shtml

[14] 交通腐败的"江西样本":9处级干部落马[J/OL].来源:法律与生活,2010年2月3日,http://news.qq.com/a/20100203/000637.htm

[15] 招标腐败案:有块遮羞布叫程序[J/OL].来源:新华网,2009年9月9日,http://news.QQ.com

[16] 工程建设领域职务犯罪研究[J/OL].新闻来源:正义网,2010年10月8日,http://www.jcrb.com/jcpd/jcll/201010/t20101008_451963.html

[17] 高阳,招标投标领域腐败现象之探析[J/OL].ljj2161710博客,2011年5月25日,http://ljj2161710.blog.163.com/blog/static/114818212201142422916294

[18] 工程建设项目职务犯罪预防[J/OL].http://wenku.baidu.com/view/bacf2346cc7931b764ce1508.html

[19] 垮塌大桥都没"病"?来源[J/OL].来源:山东商报,2012年8月27日,http://news.sina.com.cn/o/2012-08-27/023925040224.shtml

[20] 近年重大桥梁事故调查结论均未明确有质量原因[J/OL].来源:山东新闻网-山东商报,2012年8月27日,http://www.jxnews.com.cn

[21] 华夏透视:通车一天即坍塌 短命公路藏腐败[J/OL].来源:中华论坛,2011年7月13日,http://news.sohu.com/20080122/n254822148.shtml

[22] 甘肃87亿高速路被指豆腐渣通车80天变搓板路[J/OL].来源:新华网,2011年9月27日,http://www.360doc.com/content/11/0927/10/1297235_151547704.shtml

[23] 专家质疑哈尔滨塌桥事故调查:大桥设计存缺陷[J/OL].来源:京华时报,2012年9月20日,http://news.sina.com.cn/c/2012-09-20/035925211687.shtml

[24] 河南伊河汤营大桥垮塌已致37人死亡19人失踪(图)[J/OL].来源:新华网,2010年7月27日,http://www.dawanews.com/news_view.asp?id=11103

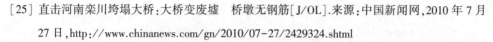

前"腐"后继——交通领域里的权力寻租现象

[25] 直击河南栾川垮塌大桥:大桥变废墟 桥墩无钢筋[J/OL].来源:中国新闻网,2010年7月27日,http://www.chinanews.com/gn/2010/07-27/2429324.shtml

[26] 临汾矿难 凤凰塌桥背后查出钱权交易[J/OL].来源:荆楚网-楚天都市报,2008年1月23日,http://news.sina.com.cn/o/2008-01-23/061013309220s.shtml

[27] 武夷山公馆大桥垮塌事故原因查明:严重超载所致[J/OL].来源:中国新闻网,2011年7月16日,http://www.chinanews.com/sh/2011/07-16/3187435.shtml

[28] 江苏盐城境内328省道通榆河桥垮塌 未致人员伤亡[J/OL].来源:中国新闻网,2011年7月11日,http://www.chinanews.com/df/2011/07-11/3171315.shtml

[29] 2010年后各地桥梁垮塌盘点[J/OL].来源:东江时报,2012年8月25日,http://e.hznews.com/paper/djsb/20120825/A09/2/

[30] 陈虎,内地路桥垮塌事故频发 腐败被指是主要原因[J/OL].来源:中华工商时报,2011年7月22日,http://news.ifeng.com/mainland/detail_2011_07/22/7859166_0.shtml

[31] 路蠹——卢万里贪污受贿窝案纪实(二)[J/OL].党风廉政,2003年9月23日,http://www.gog.com.cn

[32] 贵州交通厅原厅长卢万里堕落剖析:监督缺失酿大案[J/OL].2011年11月22日.来源:钟祥纪委,http://www.zxjw.gov.cn/look.asp?vid=138

[33] 原北京交通局副局长毕玉玺四大敛财术曝光(图)[J/OL].来源:经济信息联播,2005年3月20日,http://www.enorth.com.cn

[34] 毕玉玺忏悔书曝光(附全文)[J/OL].2005年3月16日,http://business.sohu.com.20050316/n224718056.shtml

[35] 北京巨贪毕玉玺腐败警世录[J/OL].2005年3月22日.来源:人民网,http://politics.people.com.cn/GB/1026/3260063.html

[36] 湖南省交通厅原副厅长马其伟亲属受贿犯罪纪实[J/OL].来源:新华网,2001年5月26日,http://www.sina.com.cn,http://news.sina.com.cn/c/261882.html

[37] 湖南厅座马其伟贿案揭秘:百万富婆将哥哥拖下水[J/OL].来源:法制日报,2003年3月4日,http://law.big5.anhuinews.com/system/2003/03/04/000262197shtml.

[38] 亲情把我绊倒在高速公路上 一名厅级干部的忏悔[J/OL].来源:新华网,2003年10月28日,http://news.sohu.com/59/10/news214921059.shtml

[39] 贵州原交通厅长程孟仁被双开 18年30余名交通系统厅官落马[J/OL].来源:第一财经日报,2014年4月25日,http://news.hexun.com/2014-04-25/164243358.html

[40] 8年17位厅长"落马"交通系统怎成腐败重灾区?[J/OL].来源:中安网,2005年3月29日,http://law.anhuinews.com/system/2005/03/29/001223050.shtml

[41] 田春生、刘长松,权力寻租与腐败治理[J/OL].来源:人民论坛(总第384期),2012年11月28日,http://www.rmlt.com.cn/2012/1128/54950.shtml

[42] 用市场化机制把交通厅长们"解放"出来[J/OL].来源:新华网,http://news.xinhuanet.com/focus/2004-09/06/content_1944180_2.htm

[43] 李祚海,王雷.权力资本及其背后的寻租探讨[J].《商场现代化》,2010年9月(上旬刊)总第622期.

[44] 朱红超.交通工程建设领域腐败问题透析[J].《魅力中国》,2010年11月.

[45] 刘伟.腐败型职务犯罪的制度分析——以交通系统职务犯罪现象为视角[J].新疆社科论坛,2007(2).

[46] 李鹏.对寻租理论与交通投资体制改革的思考[J].经济前沿,2004(10).

[47] 雷磊,程莹.关于遏制权力寻租腐败的思考[J].山西高等学校社会科学学报,2004.5.

[48] 张娜,张富强.经济学视角下的腐败[J].重庆电力高等专科学校学报,2017.12.

[49] 孔庆茵,允春喜.寻租腐败:一种经济学分析视角[J].行政论坛,2002.1.

[50] 仉建涛,王文剑.政府官员腐败行为的决定机制—对寻租腐败与代理腐败的数理分析[J].河南社会科学,2004.

国贸通途——透视重庆国际大通道

International Trade Thoroughfare—Seeing Through Chongqing International Corridor

谢欣吟绘图(重庆一中高 2015 级 27 班)

"生在深山"很无奈,"一江春水"向东流;
"丝绸之路"藏玄机,"钢铁丝路"渝新欧。

梁喜

国贸通途——透视重庆国际大通道

> "黄金水道"是龙头
> "三都之地"藏地蕴❶
> "丝绸之路"作纽带
> "二带一路"抓机遇❷

中国是世界上最大的发展中国家,欧盟是世界上由发达国家组成的最大的经济政治集团,发展中欧关系不仅符合双方的根本利益,而且具有战略性和全球意义。而"渝新欧"国际铁路作为重庆至欧洲的一条国际贸易大通道,串起了中国西南和欧洲两个中心,拉近了重庆与世界的距离。正如习近平主席所言:若能秉承共同发展、共同繁荣的理念,联动亚欧两大市场,赋予古丝绸之路新的时代内涵,"渝新欧"通道就必然会造福沿途各国人民,对此我们满怀期待。

一、"成长的烦恼":"生在深山"的地理瓶颈

1.重庆的地理区位

重庆市位于中国内陆西南部、长江上游,四川盆地东南部,地跨东经105°11′~110°11′、北纬28°10′~32°13′之间的青藏高原与长江中下游平原的过渡地带。地界东临湖北省和湖南省,南接贵州省,西北依靠四川省,东北部与陕西省相连,其北部、东部及南部分别有大巴山、巫山、武陵山、大娄山环绕。地貌以丘陵、山地为主,坡地面积较大,有"山城"之称。辖区东西长 470km,南北宽 450km,辖区总面积 8.24 万 km^2,为北京、天津、上海三市总面积的 2.39 倍,总人口 2945 万(2012 年末),是我国目前行政区域最大、人口最多的城市,其中主城区面积为 $647.78km^2$。重庆市地处"两江(长江、嘉陵江)三线(成渝、川黔、襄渝)三国道(成渝、汉渝、渝南)"的交汇点,是西南地区与长江中下游地区、东部沿海地区交通联系的枢纽。

2.重庆的传统出海通道

(1)"一江春水向东流"的传统出海大通道

---

❶ 三都之地是指古代四国首都(江州)、大夏国国都、陪都。
❷ 二带一路是指丝绸之路经济带、长江经济带、21 世纪海上丝绸之路。

在中国地图上,重庆偏居西南一隅,为群山环抱。无论是长三角抑或珠三角,距离重庆的直线距离都在2000km以上。2000km,意味着天然高企的物流与时间成本。2000km的背后,更有20000km的无奈!从重庆出发,沿着西北方向直线距离不过10000km就是欧洲。然而重庆输欧货物却只能先向东运输到上海,装船后南下穿越马六甲海峡,再转向西北前往欧洲。这一绕,多出来足足20000km路程。

由重庆通过长江运输,经上海海运通达太平洋,江海联运抵达荷兰鹿特丹港,全程22000km。根据经验,从重庆运送一个标准集装箱到上海,再出海,走高速路需要5650元费用,铁路需4800元,而走水路只需3900元,因此通过江海联运这种方式的运费最为便宜,但不足之处就是极为耗时,即便顺利也需要大约40天时间。

长江水运是重庆外贸进出口货物的主通道,近年来,重庆外贸进出口货物主要通过上海、江苏、广东、北京等口岸中转,其中,长江水路运输占重庆市国际贸易运输总量的97%以上,价值量占总货值的87%,其中上海水路口岸约占总量的87%,是重庆国际贸易货物最大的出入境口岸。以重庆运往各地区的货物价值计算,美洲、欧洲、东北亚分别为贸易量最大的三个地区。

(2)"重庆—深圳"铁海联运国际大通道

2010年5月19日,由重庆和中国远洋物流有限公司联合打造的"渝深铁海联运"国际大通道开始运行,其由集装箱中心站、铁路运输线、国内港口、国际海运航线和国外港口五大部分组成,起点为重庆团结村集装箱中心站,通过渝怀线、沪昆线、京广线、广九线、平盐铁路到达深圳的盐田港站,再由深圳盐田等码头的国际海运航线到达全球各大洲,运行时速为120km/h。随着"重庆至深圳盐田港"集装箱五定班列(五定:定点,装车站各卸车站固定;定线,运行线固定;定车次,班列车次固定;定时,货物发到时间固定;定价,全程运输价格固定)的成功启运,重庆至深圳全程运行时间由原来的116小时缩短为约58小时。同时,重庆还通过申请建设综合保税区,成功实行"一次申报、一次查验、一次放行",企业高效地享受到了出海口城市同样的优质服务和便利政策。

"重庆—欧洲"海运(以从重庆上长江驳船运至上海,再海运到欧洲基本港汉堡为例)总运输时间最低为40天,班列的开通不仅实现了铁海无缝连接,而且还将去欧洲的时间压缩至28天,比"长三角—欧洲"海运时间还要短近2天,创造了"重庆—欧洲"的铁海联运物流通道效率高于长三角海运至欧洲的奇迹。截至2013年年底,"渝深"专列单周最高开行频率由以前的3班达到7班,单日最高开行密度达到2班。渝深铁海联运国际大通道已经逐渐成为重庆市乃至西部地区最成熟、便捷的出海通道,是重庆构建国际经贸大通道的重要模式,也是重庆IT产品快速发往欧洲的重要物流通道。

二、"豁然开朗":"一江两翼三洋"的战略布局

1. 重庆建设国际大通道的优势与潜力

(1) 重庆具有较强的区位优势

重庆地处内陆腹地,不沿边、不靠海,距离出海口2000多公里。然而,打开世界地图,在更为广阔的空间里寻找重庆的方位时,不由眼睛一亮:向西,从重庆到欧洲,不是比从沿海更近吗?这不就是扩大开放的"新通道"吗?

重庆地处中国地理中心和承东启西的重要位置,拥有可供开拓的纵深腹地,依托重庆可以辐射周边陕西、四川、贵州、云南、湖南、湖北6省共3亿多人口的潜在大市场。长江横贯重庆全境,依托长江黄金水道运量大、成本低的优势,可以成为承接沿海与内陆地区经济联系的重要枢纽。截至2013年年底,经重庆中转的川、滇、黔、陕、甘等周边省市外贸货物已占重庆市港口外贸货运量的40%左右。

(2) 重庆是长江上游地区综合交通枢纽

重庆是我国西部地区惟一拥有长江"黄金水道"的内陆口岸城市,是我国西部地区唯一齐备水陆空交通条件的综合交通枢纽,是长江上游地区唯一拥有一级航道的特大型综合交通枢纽城市,同时也是我国西南地区江海联运、水陆换装的重要交通枢纽和外贸口岸,具有明显的区位优势。从全国综合交通运输网络布局来看,重庆公路、铁路、内河港口、航空等运输方式均处于国家级交通枢纽地位。重庆拥有国内独一无二的"水港+空港"双功能的国家级内陆保税港区——两路寸滩保税港区;内陆地区唯一的国家级开发开放新区——两江新区;国内面积最大、功能最

全、政策最优的国家级综合保税区——西永综合保税区,可以水路和陆路与长三角相连,以西南出海通道与珠三角相连,以渝新欧陆路通道与中亚、欧洲相连,以印度洋出海通道与南亚、东南亚乃至非洲、欧洲相连。

(3)重庆产业基础雄厚,门类齐全,配套能力强

2013年重庆市全年实现地区生产总值12656.69亿元,比上年增长12.3%。其中,第一产业增加值1002.68亿元,增长4.7%;第二产业增加值6397.92亿元,增长13.4%;第三产业增加值5256.09亿元,增长12.0%。三次产业结构比为7.9∶50.5∶41.6。非公有制经济实现增加值7782.56亿元,增长12.4%,占全市经济的61.5%。五大产业集群——汽摩、石油、电子信息、装备制造、材料工业,对区域经济有积极的导向作用。重庆经济总量和工业实力雄厚、经济门类齐全,是辐射东南亚国家的基础,并且在交通运输设备制造、装备制造业、化工产业等有较大优势,特别适合多数东南亚、南亚、非洲地区当前经济发展阶段的市场需求。根据重庆市"十二五"规划,重庆"十二五"期间将形成"2+10"产业链集群,即笔记本电脑和离岸数据开发处理2个全球重要基地,培育通信设备、集成电路、轨道交通装备、新能源汽车、环保装备、风电装备、光源设备、新材料、仪器仪表、生物医药10个千百亿级产业集群。

近年来,随着重庆市产业结构升级,特别是IT产业的迅猛发展,使得重庆内陆开放高地建设不断加速。根据《2013年重庆市国民经济和社会发展统计公报》,2013年,重庆进出口总额687.04亿美元,增长29.1%。其中出口总额467.97亿美元,增长21.3%;进口总额219.07亿美元,增长49.7%。重庆进出口总额居全国第10位、西部地区第1位,出口总额居全国第10位、西部地区第1位,进口总额居全国第14位、西部地区第2位(仅次于四川)。重庆进出口增速居全国及西部地区第3位,出口增速居全国及西部地区第5位,进口增速居全国及西部地区第2位。重庆进出口、出口、进口增速高出全国平均水平21.5、13.4和42.4个百分点。实际利用外资达105.97亿美元,世界500强落户230家,在中西部名列前茅。实际对外投资10.10亿美元,增长11.2%,从第17位升至第13位。实际利用外资从2007年10亿美元到2012年跨上100亿美元台阶,5年增长10倍;进出口从2010年124亿美元到2012年两年进入500亿美元俱乐部,两年超越东部10年历程,创造西部开发

开放以来最快增速进位。所有这些给重庆国际物流大通道建设提出了越来越高的要求。

2. 重庆建设国际大通道的战略意义

(1) 加快我国内陆地区对外开放、开发的需要

我国西部地域辽阔，自然资源丰富，人口众多，但对外开放程度较低、外向型产业基础薄弱，需要进一步扩大对外开放，拓展经济发展空间，形成与沿海联动开发开放新格局。因此，构建国际大通道，变内陆为开放前沿，是实现这一目标的重要前提和基础保障。经过直辖10多年的发展，重庆具备了站在开放前沿率先发展的产业基础和区位条件。从区位上看，向东依托长江经济带至上海出境，加强同太平洋、东亚和美洲等区域的经贸往来；向西北融入西三角经济圈，贯通成都、西安、兰州、新疆，经霍尔果斯跨欧亚大陆桥，密切与中亚、欧洲等区域的经贸往来；向西南连接泛珠三角经济区，以北部湾水路和广西、云南陆路通道进入东盟，打通南太平洋和印度洋入海口，拓展与南亚、非洲、欧洲、大洋洲等地的经贸往来；以重庆为枢纽推进内陆国际大通道建设，有利于率先突破内陆区位制约瓶颈，发挥"大通道"促进经济发展的带动作用，缩短与国际接轨的时空距离，根本改变全国对外开放格局，促进西部加快发展。

(2) 保障我国贸易、经济和战略安全的需要

截至2013年年底，我国国际交通运输主要依靠海运完成，进出口货物总量的50%、进口石油的85%以上均通过马六甲海峡进出。而中国进出口欧洲的货物绝大部分选择绕行马六甲海峡以及苏伊士运河的海上路线。对于中国西部企业来说，这等于白白增加了上万km的货运路程；从地缘政治的角度看，一旦前述地区出现任何风吹草动，中国与中亚、欧洲的贸易将平添许多不确定性，就像被人扼住了咽喉。这也是人们常说的"马六甲困局"。海上运输依赖度过高使我国对外开放通道安全面临很大的风险。

从合理组织交通架构看，水、陆、空运输应该形成优势互补、分配合理、稳定安全的综合体系。重庆地处中国版图几何中心，综合交通优势明显。因此，以重庆为枢纽，加快内陆国际大通道建设，打通经新疆进入欧洲、经云南入东盟达印度洋，能够有效规避过度依赖水运单一通道存在的巨大风险，完善我国对外开放格局，保障

我国经济社会安全。

(3)加强与周边国家经贸合作的需要

分析未来世界经济发展趋势,东南亚、南亚、东亚、西亚是全球最具发展潜力的市场之一,不仅与我国有着良好的外交关系,而且在资源、产品、市场等方面具有很强的互补性,是我国对外贸易最重要的潜在市场。然而,我国连接这一地区的交通运输等基础设施建设严重滞后,影响了互补优势和市场潜力的发挥。因此,以重庆为枢纽,构建连接南亚、东南亚地区便捷的国际贸易大通道,有利于提升我国与周边国家经济互补、资源互通能力,优化结构,提高开放型经济发展水平。

3. 重庆"一江两翼三洋"的战略布局(图1)

图1 重庆"一江两翼三洋"战略布局示意图(图片来源:江津网,2011-10-20,http://news.cqjjnet.com)

2009年9月14日,重庆市人民政府第49次常务会审议通过了《重庆市人民政府关于认真贯彻国家物流业调整和振兴规划的实施意见》,标志着该市以"一江两翼三洋"为布局内容的国际物流大通道建设正式启动。《实施意见》提出,重庆打造国际物流大通道战略,推动重庆建成内陆开放高地,重点是通过"一江、两翼"达到"三洋":"一江"即指长江和与之平行的沪汉渝蓉铁路大通道,经这条通道可从上海或广州出海,经太平洋到达美洲、澳大利亚,或者经马六甲海峡到达非洲和欧洲;"两翼"是指两条以铁路为主的大通道,其中"西北翼"即通过兰渝、兰新铁路,由新疆阿拉山口出境,经哈萨克斯坦——俄罗斯——白俄罗斯——波兰——德国——鹿特丹港通达大西洋；"西南翼"通过渝滇铁路、滇瑞、滇缅铁路，由贵阳——昆明——大理——瑞丽出境，经缅甸中部城市曼得勒——石兑港通达印度洋和中东地区，同时这"一翼"也可避开马六甲海峡，极大降低海上运输风险。构建"一江两翼三洋"国际大通道，将极大缩短我国中西部地区与国际贸易交流的时间，货物运送时间可节省15天左右，运距缩短6000km以上。

三、"钢铁丝路"：渝新欧国际铁路联运大通道

1. 发展现状

渝新欧国际铁路联运大通道，是在原新欧亚大陆桥的基础上，优化完善的国际物流大通道，欧洲人把"渝新欧"国际铁路大通道也称为"新丝绸之路"或"新欧亚大陆桥"。该通道起自重庆市沙坪坝区团结村，途经达州、安康、西安、兰州、乌鲁木齐，向西过北疆铁路到达我国边境阿拉山口，进入哈萨克斯坦，再转俄罗斯、白俄罗斯、波兰，至德国的杜伊斯堡，全程11179公里，全程运行16天。

2011年1月28日，渝新欧国际铁路联运大通道的首列"试验专列"从重庆团结村国际集装箱中心站驶出，这是"重庆造"第一次走铁路直达欧洲。2011年3月19日，渝新欧国际货运专列正式开通全线运行，首发专列搭载72个标箱的IT产品，包括了2万多台笔记本电脑和1.5万余台液晶显示器，近800万美元货物。2012年4月12日，渝新欧（重庆）物流有限公司挂牌成立，标志着重庆打造"西部物流高地"又迈出重要一步。

2013年3月18日下午，满载着41个集装箱、价值630万欧元汽车关键零部件的火车，在驶离德国后，顺利抵达重庆团结村中心站。这是"渝新欧"国际铁路联运大通道开行以来的首趟回程货班列，也是欧洲经阿拉山口到中国的首趟回程专列，标志着"渝新欧"站上了常态化、成熟化运行的新起点。

2014年3月12日，重庆市政府物流协调办公室、渝新欧（重庆）物流有限公司联合对外发布2014年"渝新欧"公共班列开行计划，从2014年4月8日开始，全年运行102班。其中，去程班列从2014年4月8日开始，每周2班，周二、周六固定开行；从6月到11月，每周3班，周二、周四、周六固定开行；由于冬季实验取得成功，从2014年12月开始，冬季不再停开，每周2班，周四、周六固定开行；每趟去程班

列的发车时间都固定在中午12:05。回程班列计划从5月开始至7月每月1班,8到11月每月2班,12月1班,共计12班。根据计划,"渝新欧"公共班列去程货源以重庆造IT产品为基础,同时汇集西南、华中、华南、华东地区的各类货源。回程货源以欧洲及沿线汽车零部件、医药、食品、机械设备、化工产品等高附加值产品为主。

上述计划发布后,得到了广大货代企业和周边城市的积极响应,大大保障了班列货源。据统计,2014年4月8日开行的首趟公共班列,共计41个集装箱,总重量超过300吨,目的地为德国杜伊斯堡。除本地货源外,货源九成以上来自上海、江西、浙江、深圳等地企业,货物类别涉及电子产品、汽车用品、家具、服装等几大类产品。"渝新欧"首趟公共班列的开行,正式拉开了2014年"中欧直通车"的帷幕,不仅为重庆的制造产业出口欧洲提供了便利通道,更为周边乃至全国各大生产商提供了进军欧洲市场的便利。公共班列的开行打破了专列的限制,重庆及周边城市的货源可以源源不断到重庆集结,因此重庆也一跃成为全国对欧出口货物的主要集散地和中转站。

从2011年1月28日开通,到2013年年底,"渝新欧"国际铁路货运班列已成功开行96趟班次(其中,2011年17班次,2012年41班次,2013年38班次),外贸货物运输总量达8434标箱,出口货值超过30亿美元,有力促进了重庆IT产品的出口和对欧贸易的发展。根据现在的货量,"渝新欧"可以做到每周发三班,而"渝新欧"的目标是要达到常态化每天发一班,至2020年,要每天发两班。根据企业运输方式测算,重庆每年有约40%的货量销往欧洲沿线国家。按照估算,2020年重庆的年外贸额要达到700亿元,其中有2/3的货物都将通过这条铁路运输,带来的物流"蛋糕"在百亿元以上。

2.经济价值

(1)时间方面

借由德国杜伊斯堡这个交通枢纽,从重庆运出的货物可直达欧洲各大港口。全程约耗时16天,比过去的江海联运模式少24天,比铁海联运快11天左右,即使和欧亚大陆桥北线——通过满洲里的铁路联运相比,时间也少了2天左右。如表1所示。

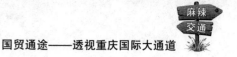

国贸通途——透视重庆国际大通道

"渝新欧"国际贸易大通道情况分析表　　　　　表1

国际大通道名称		对欧贸易通道路径	通道距离	通行时间
传统对欧贸易通道	渝沪江海联运	重庆—上海—马六甲—印度洋—红海—鹿特丹	22000km	40天
	渝深铁海联运	重庆—深圳盐田港—马六甲—印度洋—红海—鹿特丹		29天
	欧亚大陆桥北线	重庆—满洲里—布列斯特—华沙—柏林—鹿特丹	15000km	20天
"渝新欧"国际贸易大通道		重庆—达州—安康—西安—兰州—乌鲁木齐—阿拉山口—哈萨克斯坦—俄罗斯—白俄罗斯—波兰—德国杜伊斯堡	11179km	16天

目前,渝新欧国际铁路联运大通道(图2)的货运列车平均时速只有29km(国内段约40km/h)。如果未来能进一步缩短在途时间,就能给生产商(尤其是笔记本电脑生产商)留下更多的应变时间,并减少资金压力。根据预计,兰渝铁路建成后,"渝新欧"将"截弯取直",运行时间节约1天;哈萨克斯坦境内铁路改造完成后将节约1天;沿途各国设备改造后,转轨效率将提升,再节约1天。2~3年后,"渝新欧"全程运行时间将缩短至13天。

(2)费用方面

重庆市海关2013年数据显示,从重庆到德国的杜伊斯堡,一个40尺集装箱,"渝深"铁海联运运费5900美元,耗时29天,"渝沪"江海联运运费4000美元,耗时40天,空运(折合40尺集装箱)运费156000美元,耗时1天,"渝新欧"国际铁路运费7800美元,耗时16天。比较而言,"渝新欧"国际铁路联运大通道与海运相比,全程仅16天,比江海联运节省24天,比铁海联运节省13天,虽然价格相对贵一些,但可节省时间加快资金周转,减少利息成本;与空运相比,价格也仅相当于其1/20。因此,"渝新欧"最适合时效要求高、附加值高的货物,比如重庆的笔记本电脑产品送出去之后,欧洲的中高档商品、汽车及零部件、沿途的贵重金属材料等货物都可以通过"渝新欧"运回重庆,然后再分拨到其他城市。

对于一个40尺集装箱,如果"渝新欧"国际铁路运费为7800美元,用每箱的运价除以全程公里数,就是箱公里运价来计算的话,"渝新欧"箱公里运价约为0.7美元。而随着班列的频次增多和双向开行,预计可为"渝新欧"再降低10%左右的运价,今后将实现箱公里运价0.6美元以下,综合运输成本与海运价格基本持平。(现在"渝新欧"班列运送的大多为电子产品,每箱的货值大致为80万~100万美元,按照箱公里运价0.6美元计算,全程11000多公里,"渝新欧"每箱的运价是6600美元;海运每箱运价大致为4000美元,"渝新欧"的运行时间比海运节省20天,而80万美元,20天的财务成本正好为2600美元)。因此,国内货物如需运往欧洲,通过"渝新欧"国际铁路联运大通道比通过沿海任何一个出海口海运至欧洲,都更有价格优势。如果实现"渝新欧"运价的继续下降,将使重庆和欧洲的经济联系更加紧密。

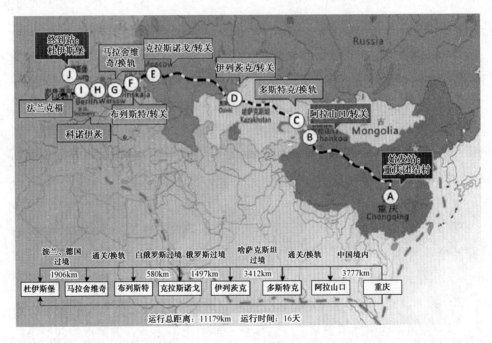

图2 渝新欧国际铁路联运大通道路段示意图(图片来源:重庆招商网,2012-10-26,http://cq.zhaoshang.net)

(3)区位方面

重庆具有承东启西、辐射南北的区位优势,作为中西部地区唯一的直辖市、国家中心城市,向东连"长江经济带",向西连"丝绸之路经济带",向南连"中印孟缅经济带",充分发挥了重庆在三大经济带建设中的枢纽和支点作用,对重庆的发展有着重要的现实意义(图3)。

而"渝新欧"国际铁路联运大通道的正式运行,以及"渝新欧"回程班列、公共班列的持续常态开行,使得地处内陆腹地的重庆与重庆通往国内外的其他交通基础设施形成相辅相成的关系,破解了跨国便捷通关、国际"五定"班列、宽窄轨换装等难题,打破了国内多年来"一江春水向东流"的物流格局,不但使得重庆成为对外贸易的重镇,更重要的是一跃成为欧洲对华贸易的分拨中心、我国对欧贸易的"桥头堡"、中国及东南亚输欧商品重要的物流中转站,同时也是丝绸之路经济带和长江流域经济带的有力支撑。从重庆运出的货物可直达欧洲各大港口,对重庆打造"自由贸易区"、更好地落实重庆发展战略,以及推动重庆经济、贸易发展等具有重大意义。

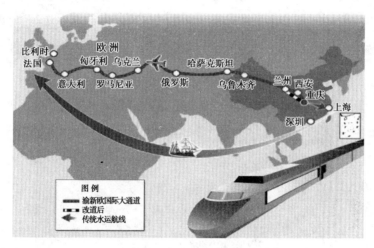

图3　渝新欧国际铁路联运大通道区位示意图

(图片来源:重庆新闻网,2012-07-17,http://www.cq.chinanews.com.cn)

四、"新茶马古道":从重庆启程的印度洋国际大通道

目前,我国航船进出印度洋必须经西太平洋绕过马六甲海峡。这条传统的路线是:我国东部地区先就近进入黄海或东海,然后到南海,而包括云南等在内的西部和西南地区则先经陆路到达东部港口,然后直入南海,再经过马六甲海峡,从而到达印度洋沿岸各国。由于我国与西南周边国家互联互通水平仍然较低,这条传统路线的交通瓶颈对面向西南开放的制约因素仍然突出。随着周边局势变化,美

国战略重心东移、缅甸改革加速、南海局势紧张等新形势的出现,催促我国面向西南开放,打开通向印度洋陆路通道的步伐还需进一步加快。

因此,2013年重庆市开始尝试开辟经云南、广西至东盟的出海通道,推进铁海联运和国际直达航线建设。根据规划,这条新的国际贸易大通道将利用渝黔铁路由重庆经贵阳、昆明后,到达大理,由瑞丽出境,经缅甸中部城市曼得勒后,由缅甸西部若开邦的皎漂港出海,通达印度洋和中东地区。建成之后,重庆—云南—缅甸—印度洋全程为3400~3500km,比长江中上游地区从上海港出海经南海、马六甲海峡到达印度洋的距离缩短2300km左右,既克服了海运的诸多困难,避开了经南海(南沙群岛)、马六甲海峡,海运通道受岛链等多种因素的影响,又使物流运输距离大大缩短、速度加快、安全系数提高。如果沿这条出海通道运送货物,由重庆出发到达欧洲荷兰的鹿特丹港,全长约为18000km,只需要30天的时间(图4)。

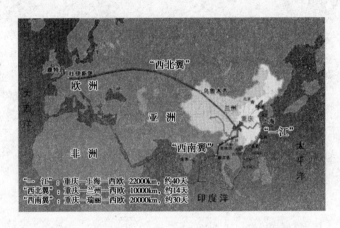

图4　重庆国际大通道对比示意图(图片来源:华龙网,2012-02-27,http://cq.cqnews.net)

这条大通道与目前重庆的国际贸易海运路线相比,缩短里程更大,运输时间更短。现有通道境内的交通基础设施较好,多种出境运输方式的规划已经完成,建设任务也不多。缅甸境内线路已经基本形成,提升等级是主要任务。若仅看缅甸向南经仰光港、实兑港出海路线,所经国家仅缅甸一国,便于协调。此外,这条通道位于我国西南地区和缅甸及周边地区,通过重庆同我国西北部、中部和东部地区相连,构成"T"形战略的进一步延伸,这个区位表明通道发展极具潜力,是我国打通印度洋通道的首选。

五、"血脉相连的亲兄弟":国际大通道与国际贸易

1.国际大通道的内涵

"通道"是指始发地和目的地之间客、货流动的载体,是承载客、货流动的水、陆、航空、管道等多种通道的总称。"大通道"是指在可用通道中分担客、货流量大,并起主导作用、居主导地位、阻断损失大、具有战略意义的通道。

"国际大通道"是指承担一定国际贸易运输功能的通道。由于涉及出入境监管,国际贸易通道比普通境内通道的构成和管理更为复杂。如果给出更为具体的界定,则"国际大通道"是指以铁路、高速公路、输油输气管道等陆路交通基础设施为依托,集公、铁、水、航多种运输方式和枢纽港站、现代通讯网络为一体的国际间立体运输大通道。"国际大通道"具有如下三层含义:一是与国外的交通;二是与国内其他省区的交通;三是本省内的交通。从而形成立体交通网络。如图5所示。

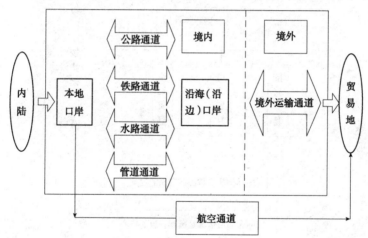

图5 "国际大通道"结构示意图

对于重庆这种地处中国内陆的城市而言,"内陆国际大通道"是指在内陆地区国际贸易运输中起主导作用、居主导地位的通道。由于内陆地区国际贸易均经沿海(沿边)口岸中转,方能到达目的港,因此,内陆国际大通道由本地运输通道、本地口岸(含特殊监管区)、跨区域运输通道、转关口岸(航空口岸国际直达航线除外)四个硬件要素,以及信息平台、国际结算、金融保险等软件要素构成,并具有以下特征:

内陆地区国际贸易运输的主要载体,并形成带动力强、联系紧密的经济带;国家综合交通运输战略体系的重要组成部分;以国家交通干线为依托,集成两种以上交通运输方式,功能上相互补充、衔接紧密、运行高效、协调发展;发挥经济中心城市作用和聚集效应,呈放射线形、经济快捷、直达境外的通道体系。

2.国际大通道与国际贸易的关系

经济全球化进程加快,世界经济对国际贸易的依存程度增加,实现贸易货物运输便利化和运输方式多元化,必须保证国际大通道的安全、畅通和高效,因此日趋完善的国际大通道是实现国际贸易的重要支撑条件。国际大通道与国际贸易的相互关系如图6所示。

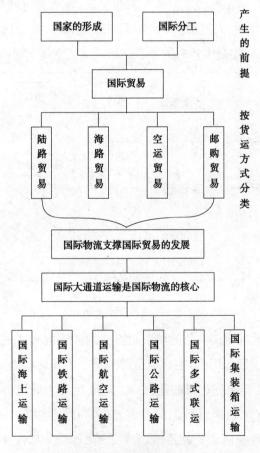

图6 国际大通道与国际贸易的相互关系示意图

3.通道经济及其构成要素

所谓"通道经济",就是以良好的地理环境、自然资源和人文条件,依托通道的优势,并通过市场手段,实现产业向通道集聚和扩散,使国内外生产要素向通道区域涌流,从而实现通道区域的经济发展。它包括三层含义:一是通道经济的发展以一定的物质条件和通道优势为基础,即必须具备良好的地理环境、自然资源和人文条件。二是市场经济在通道经济资源配置中起基础性作用。资源的天然稀缺性,决定了通道经济资源的配置,必须通过价格机制、供求机制、竞争机制等市场手段来完成。三是通道经济发展目标,就是实现产业向通道集聚和扩散,使国内外生产要素向通道区域涌流,以实现通道区域的经济发展。

"通道经济"的三大构成要素包括:交通干线或综合运输通道、以第二、第三产业为主的产业体系、中心城市和中小城镇群。交通干线的重点投资建设是通道经济形成与发展的前提条件。通过对交通项目投资改善区位优势,进而调节经济活动在空间上的分布。随着交通、通信技术的不断进步,由一条主干线发展成为多条干线(含通信基础设施)并列组成综合运输通道,为沿线客货运输、商品交流提供了越来越便利的条件。沿交通轴线逐步发展的产业,特别是工业、通道产业的发展,构成通道经济的主要内容。产业的集聚形成规模经济效益和集聚经济效益,产业的扩散促使产业结构的调整与升级,产业的集聚与扩散成为推进通道经济发展的动力。沿线分布的中心城市和中小城镇群是空间结构的节点,是通道经济发展的依托。对于经济地域来说,城市是区域经济发展的中心,其中心作用越强,就越能带动区域经济向更高水平和更大规模发展。在通道经济发展初期,主副经济中心城市的不断被极化,形成增长极;随着增长极的辐射、带动功能的发挥,使沿线形成一系列各具特色、分工不同而又有紧密联系的中小城镇群,是通道经济成熟期的空间标志。

关键词:

(1)国际物流

(2)国际贸易

(3)国际大通道

(4)国际多式联运

(5)国际单证

(6)国际集装箱运输

(7)国际物流成本

(8)通道经济

(9)大陆桥运输

(10)新亚欧大陆桥

(11)综合保税区

(12)保税物流

思考与讨论:

(1)你认为重庆现在的国际大通道网络完整吗?为什么?

(2)你认为国际大通道的物流成本包括哪些内容?如何降低?

(3)请你说说对内陆保税区、内陆开放高地的理解。

(4)请你说说内陆与沿海在国际大通道建设方面的区别。

参考文献:

[1] 冯浩,陆成云.我国国际通道建设布局及能力分析[J].综合运输,2011(6):8-11.

[2] 陆成云,冯浩.国际通道建设的相关问题研究[J].综合运输,2011(3):23-25.

[3] 丁凡,潘安.重庆对外贸易通道发展的现状、问题及对策分析[J].中国外资,2011(8):26-27.

[4] 江雄.借势大陆桥:重庆着力构建国际物流大通道[J].大陆桥视野,2010(1):71-72.

[5] 王伟娜,陈淼.以重庆为核心节点的国际物流大通道前景分析[J].重庆交通大学学报(社会科学版),2010(4):15-17.

[6] 杨金.重庆进出口物流通道发展中存在的问题与对策[J].中国物流与采购,2010(5):72-73.

[7] 林略.内陆保税港区保税收益分析及其国际物流通道构建[D].重庆大学,2011,7.

[8] 王春芝.国际物流通道优选理论方法与实证研究[D].长春:吉林大学,2004,5.

[9] 黄承锋.运输通道合理运行及经济聚集作用研究[D].重庆:重庆大学,2001,12.

[10] 林正章.国际物流[M].北京:机械工业出版社,2006.

[11] 逯宇铎,侯铁珊,邢金有.国际物流管理[M].北京:机械工业出版社,2006.

[12] 王国文.国际物流与制度因素[M].北京:中国金融出版社,2010.

[13] 王昭凤.国际物流组织与管理[M].北京:电子工业出版社,2007.

[14] 徐勇谋.国际物流[M].北京:电子工业出版社,2012.

[15] 戴维,斯图尔特.国际物流(国际贸易中的运作管理)[M].北京:清华大学出版社,2007.

阿喀琉斯之踵——交通能源消费透视

Achilles' Heel—Perspective on Transportation Energy Consumption

谢欣吟绘图(重庆一中高 2015 级 27 班)

化石能源是推动交通运输发展的神力,但也是其"阿喀琉斯之踵"。

郑先勇

阿喀琉斯之踵——交通能源消费透视

> 古希腊神话"阿喀琉斯之踵"对交通能源消费的警示
>
> 荷马史诗《伊利亚特》(《Iliad》)中描述的古希腊神话英雄阿喀琉斯(Achilles)是人间英雄(色萨利国王)佩琉斯与海洋女神忒提斯的宝贝儿子。忒提斯为了让儿子炼成"金钟罩",在他刚出生时就将其倒提着浸进冥河,遗憾的是,因冥河水流湍急,母亲捏着他的脚后跟不敢松手,乖儿被母亲捏住的脚后跟却不慎露在水外,全身留下了唯一的"死穴"。后来,阿喀琉斯被帕里斯一箭射中脚踝而死。
>
> 后人常以"阿喀琉斯之踵"(即阿喀琉斯的脚后跟)来比喻这样一个道理:即使是再强大的英雄也可能有致命的弱点和要害,如同练"金钟罩、铁布衫"的武林高手也难免身上有"死穴"。
>
> 交通能源作为交通技术进步、经济社会发展和人类文明进步的动力源泉,不愧是交通运输业的"阿喀琉斯",具有巨大的"神力"。但是,随着交通运输业的发展,目前以化石能源❶为主的交通能源消费中存在着能源安全、环境污染和节能不力等问题,成为交通能源消费的"阿喀琉斯之踵"。因此,本部分将分析何为交通能源"阿喀琉斯神力"和交通能源消费的"阿喀琉斯之踵",进而寻找应对措施。

一、不容小觑的交通能源"阿喀琉斯神力"——"能源革命"及交通能源消费的意义

1. "能源革命"推动了交通运输业及社会经济的发展

能源是指直接或经转换提供光、热、动力等任何形式能量的载能体资源。一般包括已开采出来可供人类使用的自然资源和经过加工或转换的可用能量来源。世界上能源有很多种,表1列示了六种主要分类。

能源是人类赖以生存和社会进步的重要物质基础,人类社会发展的每一次飞

---

❶ 化石能源是指上古时期遗留下来的动植物的遗骸在地层下经过上万年的演变形成的能源。如煤(植物化石转化)、石油(动物体转化)、天然气等。

跃都伴随有能源利用的创新。能源发展史大致可以描述为"人力→薪柴(木材干草)→畜力(生物能)→风力→热力蒸汽(煤)、电力、矿物能(煤油气)→核动力"的一个历程。值得一提的是,能源的不断开发利用也直接或间接地推动了交通运输工具的革新和交通运输业的发展(表2),尤其是三次"能源革命"极大地推动了交通运输业的技术进步:

能源的主要分类　　　　　　　　　　　　　　　　　　　　　表1

序号	分类依据	能源的具体类别
1	能量出处	(1)地球内部能源如核能、地热能;(2)地球外部能源如太阳能、水能、风能、波浪能等;(3)天体间的相互作用能源如潮汐能等
2	被利用的范围	(1)传统能源如煤炭、石油、天然气、木质能源、水能等;(2)新能源如太阳能、风能、地热能、潮汐能、生物质能以及核能等
3	获得的方法	(1)一次能源(可以直接投入利用)如煤、石油、天然气以及风能和水能等;(2)二次能源(需要直接或间接转换而产生),如电、蒸汽、焦碳、液化气、氢能等
4	利用的持续性	(1)可再生能源如水能、风能、潮汐能、地热、太阳能等;(2)耗竭性能源如石油、煤、天然气以及核燃料等
5	能源载体的性质	(1)含能体能源(燃料能源)如石油、天然气、煤等直接储存能量的能源;(2)过程性能源(非燃料能源)如风能、水能、潮汐、海流、波浪等无法直接储存但可转化利用的能源
6	对环境友好程度	(1)清洁能源如太阳能、水能、潮汐能等;(2)非清洁能源如煤、石油等

交通能源及交通工具发展史　　　　　　　　　　　　　　　　表2

能源动力	人力	畜力	风力	热力、电力、煤油气	核动力
交通工具	肩挑人扛、牛马车、雪橇、棒棒军、轿子、黄包车、三轮车、自行车	牛车、马车、狗拉雪橇	帆船	汽车、摩托车、火车、轮船、飞机、火箭、宇宙飞船	万吨巨轮、航母

(1)第一次"能源革命":煤炭替代原始生物质能引领人类进入化石能源时代

煤炭最早被利用是在公元前5世纪,但大规模利用还是在18世纪20年代英国开始的产业革命。公元1769年,瓦特发明了蒸汽机,用煤炭把水烧成蒸汽推动蒸汽机做功,实现了把煤炭能源转化为动力,进而推动了煤炭能源的大规模使用,推动了第一次"能源革命"。到1920年,煤炭占世界商品能源的87%,基本替代了非矿物质能源,人类社会逐渐进入了"蒸汽时代"。在此背景下,英国首先诞生了世界第一条铁路和蒸汽动力火车,随后蒸汽作动力的轮船得以替代木壳帆船走向远洋。煤炭的使用、能源供应网络的建立以及蒸汽机的使用促成了能源——交通体系,这一体系促进了国家之间、城市之间及城乡之间的经济联系,不仅引起交通运输领域的革命,而且也催生了世界第一次工业革命,使整个世界经济、社会产生连环式飞跃发展,世界从此正式全面进入工业文明时代——化石能源时代。

(2)第二次"能源革命":石油和天然气替代煤炭成为全球主导能源

1859年,美国人在宾夕法尼亚州打出第1口油井,约21m深,被认为是现代石油业的开端。1883年,德国的戴姆勒(Daimler)成功研制了世界上第一台立式汽油内燃机,石油与内燃机的结合再次引发交通运输的技术革新,促进了汽柴油内燃机的革新及内燃机汽车工业的发展,使得火车、轮船装载量更大、行驶速度更快,汽油、煤油、柴油逐渐成为替代煤炭的新兴能源。时至1959年,全球石油消费比重提高到50%,而煤炭消费的比重下降到48%,石油、天然气进一步成为全球的主导能源,实现了第二次"能源革命"。石油是一种物理性能远比煤炭优越的化石能源,主要表现为两点:一方面,同样质量及体积的能源的能量,石油是煤炭的2倍,但直接使用效果是3倍左右。另一方面,石油极易汽化,可以实现连续性燃烧,同时汽化燃烧比煤炭的表面性的固体燃烧优越,可实现能量效率的大幅提高。而天然气作为石油的孪生姐妹,它更便于运输、更清洁,被广泛用于城市燃气和发电,相关的燃气轮机的产生,使天然气的能源利用效率更高,动力更强大。因此,石油和天然气的利用是传统能源消费方式的又一次重大变革,使得汽车、飞机成为大众出行的流行工具,高速公路、超音速飞机成为交通时尚,大大地缩短了人们在时空上的距离,同时为人类社会进一步发展打下了基础。

在此期间,随着科学技术的进步,发电机和电动机的发明使人类开始进入电气化时代,又进一步变革了交通运输技术,加速了人类物质文明的创造。由于电能是化石能源的"二次能源"转换形式,所以仍可以认为电能的开始利用属于第二次"能源革命"的延伸。

(3) 第三次"能源革命":核能等低碳能源的开发利用

由于物理学的发展,科学家发现了原子在裂变或聚合的过程中能产生巨大能量。在相关发明的基础上,1961年7月美国建成了第一座商用核电站——扬基核电站。该核电站功率近300MW,发电成本降至9.2美厘/度,显示出核电站的强大经济价值,从此人类进了核能利用的时代,第三次"能源革命"得以诞生。在二次能源中,核电越来越受到人们重视。在一些发达国家(例如法国)核电占很大比例,核电技术得以不断成熟,在能源紧缺和环境条件限制下,核电具有广阔发展前景,这也为高速轨道交通和电动汽车等交通运输业的发展提供了有前景的动力保障。

另外,煤炭、石油等常规能源带来的温室气体排放造成全球气候变暖和环境恶化问题、使风能、太阳能、生物质能等可再生能源、清洁能源的开发利用提上日程。由于技术和成本原因,目前仅占很小比例。但随着科技发展,这些能源会被加大开发利用并造福于人类。

从以上"能源革命"的发展历程来看,对新能源的开发利用触发了交通运输技术的进步和交通工具的改进,推动了整个社会生产力的变革,也极大地促进了社会经济的发展。这就是交通能源消费"阿喀琉斯神力"的重要表现。

2. 国内外交通能源消费的快速增长保障了经济社会的发展

(1) 中国的交通能源消费概况

交通运输是中国国民经济重要的基础产业领域,随着经济社会快速发展对交通运输需求的不断增加,以及机动化水平的快速提高,中国的交通运输业❶能源消费呈现快速增长态势(表3),已成为继工业和生活消费之后的第三大能耗产业(图1),而交通运输业具体的能源消费结构又以石油的消耗比重最多,电力和煤的消耗比重次之(图2)。

表3反映了1995年以来全国交通运输业能源消费总量与分类能源消费分别占全国能源消费总量与分类能源消费总量的比重变化状况。从综合能耗水平上看,1995年以来交通运输业能源消耗占全国的比重基本保持同步增长态势,从1995年的4.47%增加到2011年的8.20%,比重增加了1.83倍;从主要交通运输业

---

❶ 本文的中国交通运输业包括交通运输、仓储和邮政业(按照国家统计部门的口径是包括铁路、民航、公路、水运、港口,还有邮政、仓储)。依据《中国统计年鉴(2013)》。

消费的能源种类来看,煤炭消费总量占全社会的比重明显下降,而各种石油制品消费量占全社会的比重均显著上升。

中国交通运输业能源消耗占全社会能耗比重变化(%)　　　　表3

比重	年份	1995	2000	2002	2004	2005	2006	2007	2008	2009	2010	2011
交通业比重	综合	4.47	7.27	7.36	7.43	7.40	7.55	7.77	7.86	7.73	8.02	8.20
	煤炭	0.96	0.86	0.75	0.43	0.38	0.30	0.23	0.24	0.22	0.20	0.19
	石油	17.83	24.55	24.87	27.19	29.84	19.91	21.34	22.15	21.65	31.7	32.49
	#汽油	33.76	39.60	40.11	43.40	50.90	51.94	50.07	50.29	46.68	46.54	45.61
	#煤油	48.82	61.61	67.14	77.29	81.89	88.96	90.85	90.77	91.30	91.8	90.62
	#柴油	28.85	37.56	38.67	42.26	45.74	48.56	54.39	56.53	57.37	58.21	60.67
	天然气	0.88	2.37	2.18	2.81	2.73	3.07	2.43	8.80	10.17	9.98	10.60
	电力	1.82	2.09	2.05	2.05	1.73	1.63	1.6	1.66	1.67	1.75	1.81

注:"#"表示石油中的细分类别,即汽油、煤油、柴油等均属石油大类。

资料来源:2005年前的数据来源于李连成、吴文化.我国交通运输业能源利用效率及发展趋势[J].综合运输,2008,3;2006~2011的数据来源于中国能源统计年鉴折算。

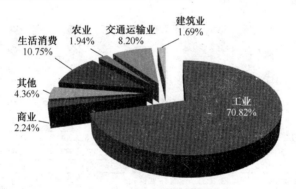

图1　2011年中国部门能源消费比重状况

资料来源:据2012中国能源统计年鉴折算

　　就各运输方式的能源消费比重而言,公路运输是中国交通运输业中消费能源最多的运输方式,如2007年中国公路运输能耗约占交通运输业(不含管道和城市轨道交通)的37%。水路运输是第二大的能源消耗运输方式,其能耗比重占16%。铁路运输和民航运输能耗分别占全行业的15%和9%,城市公共交通、管道运输业和装卸及其他运输服务业分别占13%、3%、7%。

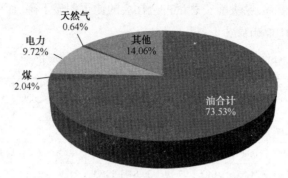

图2　2011年中国交通运输业能源消费结构图

资料来源:据2012中国能源统计年鉴折算

（2）美国的交通能源消费概况

从交通运输用能占全社会总用能比重看,美国的交通运输部门是仅次于工业部门的第二大用能部门。据美国运输部统计显示,1975—2009年交通运输用能占全社会总用能比重在25%~29%之间,并处于持续缓慢增长态势(图3)。同时,美国工业部门能源消费比重呈现下降趋势,这与美国产业结构中工业比重逐渐降低有关,也是有异于中国的原因。

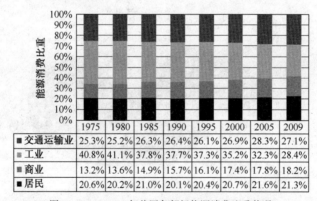

图3　1975~2009年美国各部门能源消费比重状况

资料来源:欧阳斌、李忠奎、陈建营.典型发达国家交通运输能源消费特征分析与启示[J].综合运输,2010,12.

从各种运输方式能源消费的比例构成来看,公路运输占绝对比重,民航次之。2007年美国公路、民航、水运、管道、铁路分别占80.7%,8.9%,4.6%,3.4%和2.4%。这是由其运输结构决定的,美国拥有世界上最发达的高速公路和民用航空网络,其经济生活高度依赖于公路运输,被称之为"汽车轮子"上的国家,同时民航是承担中远距离旅客运输的主力,而铁路所占比重很低并呈下降趋势,主要承担一部分货物运输和城际旅客运输。

从能源消费品种结构来看,石油在美国交通运输能源消费中仍然占据绝对主导地位,但近年来可再生能源和电力比重快速上升,2009年分别达到了3.4%和0.3%。

(3)日本的交通能源消费概况

1965—2007年间日本交通运输用能呈逐年上升趋势并趋于稳定(表4),占全社会总用能的比重在17.6%~24.5%之间,也是仅次于工业部门的第二大用能部门。在1965年至2005年的40年间,交通运输能源消费年均增长4%,其中:1965—1985年的20年间,交通运输能源消费年均增长高达5.8%,这个期间正是日本私人汽车普及的阶段;1985—2005年的20年间,交通运输能源消费年均增长2.2%;而在1995—2005年的10年间,交通运输能源消费年均仅增长0.5%。上述数据反映出,在20世纪60年代中期至80年代中期的20年间,日本经济快速增长时期,能源消费也呈现同步快速增长,进入20世纪90年代以来,随着产业结构的优化和经济发展趋于稳定增长,能源消费的增长也随之放缓。

1965—2007年日本各部门能源消费比重状况(%) 表4

年 份	1965	1975	1980	1985	1990	1995	2000	2005	2007
工业部门	62.5	59.3	55.2	51.2	49.8	47.3	47.4	46.1	47.1
民用部门	9.9	10.2	11.4	13.6	13.1	14.1	14.0	15.2	15.1
商业部门	7.4	9.6	10.0	10.7	11.3	12.2	12.5	12.8	12.3
交通部门	17.6	18.4	20.8	21.8	23.0	24.1	24.1	24.5	24.1
#货运	7.3	9.5	11.2	12.5	13.7	15.1	15.5	15.9	15.6
#客运	10.3	9.0	9.6	9.2	9.3	9.0	8.7	8.6	8.5
非能源部门	2.7	2.5	2.6	2.7	2.7	2.3	1.9	1.4	1.4

注:"#"表示交通部门的细分。

资料来源:欧阳斌、李忠奎、陈建营.典型发达国家交通运输能源消费特征分析与启示[J].综合运输,2010,12.

1965—2007年间日本各种运输方式能源消费比例结构变化总体趋势,是公路运输和民航持续快速上升,铁路和水运比重下降较快。经过多年发展,日本已逐步形成以公路运输为主体的综合运输体系,2007年公路运输用能约占交通运输总用能的86.9%,其次是民航、水运和铁路,分别为5.9%,4.8%和2.3%。

(4)欧盟的交通能源消费概况

根据欧盟统计署的能源统计(表5),欧盟各国交通运输业占全社会能源消费总量的比重且呈逐年上升趋势,由1990年的26.8%升至2007年的32.9%。

1990—2007年欧盟交通运输业能源消费结构变化情况(%)　　表5

年份	交通运输能耗占全社会的比重	各种运输方式能源消费比重				
		合计	公路	内河	铁路	民航
1990	26.8	100.0	83.8	2.4	3.4	10.5
1995	28.8	100.0	83.2	2.3	3.0	11.4
2000	30.7	100.0	82.0	1.6	2.8	13.6
2001	30.3	100.0	82.6	1.5	2.7	13.1
2002	30.9	100.0	83.2	1.5	2.7	12.8
2003	30.5	100.0	82.6	1.7	2.6	13.0
2004	30.8	100.0	82.4	1.4	2.6	13.5
2005	30.8	100.0	82.7	1.4	2.5	13.4
2006	31.8	100.0	81.7	1.6	2.5	14.2
2007	32.9	100.0	81.8	1.4	2.4	14.3

资料来源:同表3。

从各种运输方式能源消费的比例构成来看,公路运输是能源消费的绝对主力,所占比重超过80%,但近年来略有下降;民航为第二大部门,比重近年来呈现快速上升势头,目前已超过14%。与此形成鲜明对比的是铁路和内河运输能源消费比例很低。

(5)国内外交通能源消费的启示

国内外交通运输发展的经验表明,随着经济社会发展水平以及人们对出行安全性、舒适性和便捷性需求的日益提高,交通运输能源消费总量及其占全社会比重快速上升是必然趋势,并且随着经济社会发展到一定阶段,交通运输将成为能源消费(特别是石油消费)的最主要领域。典型的如美国、日本和欧盟等发达国家和地区,交通运输业占全社会能源消费总量的比重分别约为29%、24%和33%(其中公路交通工具能耗占运输总能耗的比重均在80%以上),目前我国交通运输业占全社会能源消费总量的比重只有8%左右,上升空间十分巨大。随着我国社会经济的继续发展,整个交通运输领域将成为能源消费增长最快的终端用能领域,同时间接表明,交通能源消费的稳定增长也是经济社会发展的保障,这也是交通能源消费"阿喀琉斯神力"的又一重要表现。

二、不可忽视的交通能源消费"阿喀琉斯之踵"——交通能源消费的困境

交通运输业的能源消费以化石能源为主,并成已为我国能源消耗增长最快的行业,这种情况将难以避免交通能源消费"阿喀琉斯之踵":一方面将导致我国交通运输业对化石能源的依赖程度越来越高,交通运输发展可能将面临严峻的能源约束问题。国际市场油价的任何风吹草动都必将对交通能源需求产生不良影响,进而将会对国家能源安全和经济社会可持续发展产生严重的不利影响;另一方面将导致交通运输业成为国民经济中能源消费的大户和温室气体排放的重要来源,进而加剧经济发展中的环境污染问题。

1. 交通能源的大量消费加剧了能源安全问题

(1)能源安全已成为未来经济社会发展的长期约束

能源是人类生存和经济社会发展的重要物质基础。20世纪后半期经济的繁荣发展基本上就是依赖采掘地球化石能源,主要包括煤、油、气。这都是几亿年来太阳能在植物动物遗体中积聚起来并贮存在地壳里供人类享用的不可再生矿物资源。因此,它将难免"灯干油尽"。据预测,人类如果不控制好化石能源的需求,将在21世纪末开始出现先断油,接着是断煤、断气的窘况,"不可循环的能源经济"模式恐难以为继。

以上情况表明,目前占主体的化石能源具有可耗竭性、稀缺性、不可逆性的特征,使得能源安全❶成为关乎国家安全和经济社会发展的长期约束条件。

目前,能源安全中最重要的是石油安全。20世纪70年代发生的两次世界石油危机导致主要发达国家经济减速和全球经济波动。21世纪以来,石油价格不断攀

---

❶ 能源安全是指在能源需求不断增长条件下能源可靠供应的保障问题,它不仅包括世界总体能源供应的安全,也包括在全球能源分布不均匀情况下一国能源供应的安全,还包括能源供应和消费过程中的环境保护问题。

升,对全球经济特产生较大影响,一些国家甚至因石油涨价引发社会动荡。在经济全球化不断发展的今天,能源资源的全球化配置是大势所趋。但是,不合理的国际政治经济秩序、国际能源市场规则及许多发达国家对国际资源市场的控制,给发展中国家利用国际资源设置了重重障碍。因此,国际石油市场的稳定程度,尤其对发展中国家的能源安全、经济安全乃至国家安全的影响会越来越大。

我国能源资源总量虽然比较丰富,但人均占有量比较低,尤其是富煤少油,石油、天然气等优质能源短缺,人均资源量仅为世界平均水平的 6.1% 和 6.5%,远远偏离当前世界能源消费以油气燃料为主的基本趋势和特征。据统计,2012 年我国一次能源消费总量约为 36.2 亿吨标准煤,构成为:煤炭占 66.4%,石油占 18.9%,天然气占 5.5%,风电、水电、核电等非化石能源占 9.1%。因此,虽然改革开放以来我国能源建设不断增强,但相对于对能源消费的快速增长,能源生产和供应仍力不从心。目前我国能源供应缺口达到 2 亿吨左右标准煤[1],约占能源需求总量的 10%,其中石油安全问题尤为突出。其一,石油供应方面的情况是:目前我国石油资源探明经济储量仅为 20.4 亿吨左右,储采比低,未来产能增幅有限。其二,石油消费方面的情况是:自 1993 年我国由石油净出口国变为石油净进口国以来,石油消费持续增长,净进口量不断增加,对外依存度不断提高。2003 年我国已经超过日本,成为仅次于美国的石油消费大国,2009 年我国净进口石油达到 21725 万吨,占当年消费量的 56.6%(表6)。由于我国正处于经济社会迅速发展、能源需求快速增长的工业化中期,未来我国石油大量进口,外依存度不断提高成为发展的必然趋势。国务院发展研究中心的报告预计,到 2020 年中国对海外石油资源的依存度将达到总需求量的 55% 以上,与目前美国 58% 的对外依存度大体相当。因此,在交通运输业等行业用能不断增长等背景下,能源安全也将成为我国经济社会发展、特别是交通运输等相关高用能产业持续稳定发展的重要制约因素。

(2)我国交通运输业的能源消费现状事关能源安全

交通运输业是资源占有型和能源消耗型行业,随着国内客、货运输量的增长,

---

[1] 标准煤亦称煤当量,是将不同品种、不同含热量的能源按各自不同的含热量折合成为一种标准含量的统一计算单位,目前尚无国际公认的统一标准,1 千克标准煤的热值,中国、前苏联、日本按 7000 千卡计算,联合国按 6880 千卡计算。

我国交通运输业能源消费的规模逐年上升,能源消费的增速将高于全社会能源消费的增速,交通运输业将成为国内用能增长最快的行业之一。据中国统计年鉴数据,2009年交通运输业能源消费总量为23691.84万吨标准煤,占我国能耗总量的7.73%。据前文的分析,目前我国交通行业的用能以油气为主,2009年占全国石油消费量的21.65%左右;大约46.68%的汽油、57.37%的柴油和91.30%的煤油被各类交通工具所消耗。2000—2009年全社会石油消费年均增长率为6.27%,而同期交通运输业石油消费的年均增长率为10.68%,比社会平均增长率高出4.41个百分点。同时,交通运输业人均能耗也呈持续增长状态,从1995年的0.048吨标准煤/人增长到2009年的0.178吨标准煤/人(图4)。以上交通能源消费情况使得我国石油等主要能源对外依存度逐年提高,严峻的交通能源安全形势事关我国的能源安全和经济安全,也事关实现"十二五"节能目标的实现。

我国石油生产、消费和进出口情况(单位:万吨)　　　　　表6

年份 项目	1995	2000	2001	2002	2003	2004	2005	2006	2007	2008	2009
生产量	15005	16300	16396	16700	16960	17587	18135	18477	18632	19044	18949
消费量	16065	22439	22838	24780	27126	31700	32535	34876	36570	37303	38385
进口量	3673	9749	9118	10269	13190	17291	17163	19453	21139	23016	25642
出口量	2455	2172	2047	2139	2541	2241	2888	2626	2664	2946	3917
净进口量	1218	7577	7071	8130	10649	15051	14275	16827	18475	20070	21725
净进口量/消费量(%)	7.58	33.77	30.96	32.81	39.26	47.48	43.88	48.25	50.52	53.80	56.60

资料来源:李连成.能源安全与交通节能[J].中国国情国力.2008,6等相关资料。

(3)交通运输规模的快速增长将助推交通能源消费的持续增加

交通运输的总体规模是交通运输业能源消费数额最直接的影响因素。目前我国正处于重工业加速发展的阶段,这个阶段运输需求规模总量将继续保持快速增长。

近年来,我国客/货运量、客/货运周转量进入高速增长阶段。2009年底,我国客运量和旅客周转量分别为297.69亿人和24835亿人公里,与2000年相比,年均增长率分别达到8%和8.1%;货运量和货物周转量分别为282.5亿吨和122133亿吨公里,与2000年相比,年均增长率为8.5%和11.9%。目前,我国的交通运输总量已列世界前三位,成为交通运输产业大国。全国货运量及货物周转量均位居世界第二,铁路客运量、货运量、换算周转量和运输密度均位居世界第一位。民航旅客周转量位居世界第二。可以预期,未来我国运输总量仍将保持持续增长的态势。

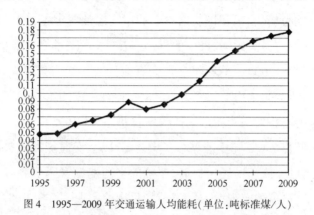

图4 1995—2009年交通运输人均能耗(单位:吨标准煤/人)
数据来源:据历年《中国能源统计年鉴》测算。

传统交通运输业能源消耗大致可描述为三个方面,即运输工具能耗、运输线路能耗、运输场站能耗。虽然我国运输工具的单位能耗总体呈下降趋势,但是由于近年来我国交通运输业基础设施建设规模的长足发展,运输线路能耗和运输场站能耗总量不断增加。据数据统计,铁路营业里程由2000年的6.87万公里增长到2009年的8.55万公里,增加24.5%,其中电气化里程达到3.02万公里;公路里程由2000年的140.27万公里增长到2009年的386.08万公里(2005年后的数据包括了乡村道路);内河航道里程由2000年的11.93万公里增长到2009年的12.37万公里。

因此,我国交通运输规模的快速增长将导致交通能源消费的持续增加,使得我国能源安全问题具有长期性。

2.交通能源的大量消费加剧了环境污染问题

(1)交通能源现有以油耗为主的消费格局造成了突出的环境污染问题

"雾霾版"《北京北京》

"大雾弥漫在这里的每一条街道,空气污染指数竟然不断爆表;除了仙境般的楼阁把你我围绕;我依稀看到了满街满眼的口罩。谁在雾里寻找,谁在雾里哭泣;

谁在雾里活着,又在雾里死去;谁在雾里奔波,谁在雾里哭泣;谁在雾里挣扎,谁在雾里窒息。北京,北京……"

(摘自:优酷网)

交通运输系统使用的能源主要是矿物燃料,如石油、天然气和煤,而在交通运输"终端"中主要使用的是石油,使交通运输业成了社会环境污染的重要源头之一。交通能源消费有可以分为直接能源消费和间接能源消费两方面,其中,直接能源消费主要是消耗于驱动车辆的那一部分,间接能源消费主要包括建设、维护运营交通运输系统所需要的能源。

与交通能源消费相关环境污染主要体现在废气排放方面,排放物的数量与燃油质量、发动机水平及其工况环境有很直接的关系。以汽车交通为例:统计表明,汽车正常工作时所排放的废气中,有害气体一氧化碳(CO)占0.85%,氮氧化合物(NO_x)、碳氢化合物(HC)、二氧化硫(SO_2)等占0.08%,其他固体微粒(主要是炭烟、油雾、金属颗粒等)占0.005%。同时,由于我国汽车性能较差,单车污染排放量很大,各种车辆行驶1公里所排放的CO和NO_x平均水平分别是美国的6.5~13.8倍和3.3~8.0倍,尤其是NO_x的平均浓度超过$100\mu g/m^3$。经科学家测定表明,大气中所含CO的75%,HC和NO_x的50%都来自于汽车排放的尾气,由于汽车尾气污染物集中在离地面1m左右的层面,正处在人体呼吸带附近,对人体健康危害极为严重,造成了局部地区和都市型环境恶化问题,如专家分析北京雾霾天气的主因之一就是燃油型机动车排放的尾气。

另外,交通能源消费还存在其他形式的环境污染问题,如机动车辆在维修、维护中更换的"废油、废材"等造成的环境污染等。

(2)交通能源消费中温室气体排放已成为全球气候变暖的重要推手

随着全球气候变暖的日益加剧,世界各国对温室气体排放的关注热度在不断提升。温室气体是指在进入地球的大气层后可以无障碍地让太阳辐射到地球的热量通过,同时阻挡地球表面反射回来的长波辐射,致使地球大气层内部的温度升高的气体,主要包括二氧化碳(CO_2)、甲烷(CH_4)、氧化亚氮(N_2O)、氢氟碳化物(CFC_s)、全氟化碳(PFC_s)、六氟化硫(SF_6)等。对气候变化影响最大的是CO_2,它的寿命期很长,一旦排放到大气中,其寿命可达50~200年。温室气体排放被认为是全球气候变化的主要祸首,而温室气体的排放又主要来自化石燃料的消耗。基于第一次能源革命以来化石能源消费量不断增加的格局,大气中 CO_2 等温室气体的浓度变得越来越高,全球气候变暖问题将进一步加剧。

交通运输业作为各国经济发展中化石能源消费的大户,呈现了其温室气体排放数量不断增加和排放比重不断提高的趋势,已成为全球气候变暖的重要推手。吴文化根据 2004 年中国政府公布的《中华人民共和国气候变化初始国家信息通报》和我国交通能源消费增长的规律估算得出,2005 年我国 CO_2 排放量约为 48.5 亿 t/a,其中交通运输、仓储和邮政业 CO_2 排放量约为 4.9 亿 t/a,占全国 CO_2 排放量的 10.1%。如果考虑其他 2 种温室气体的排放,折合当量计算,交通运输、仓储和邮政业温室气体排放占全国温室气体排放水平的 8% 左右。

根据本章第一节的分析,中国的交通能源消费难免不断增长的趋势,因此可以预见,随着中国交通能源消费比重的增加,CO_2 的排放比重会进一步增加,环境污染压力更加艰巨。

3.我国的交通能源节能仍存在国际差距

(1)交通能源利用效率不高

改革开放以来,我国的交通能源利用效率得到了大幅度提高,但和国际先进水平相比较,总体利用效率仍然有很大差距(表 7)。交通能源利用效率水平的比较具体又主要表现在不同运输领域能耗水平方面的差异。

能源强度的国际比较　　　　　　　　表 7

国　别	按 1995 年汇率计算能源强度		能源强度倍数	
	1995 年	2002 年	1995 年	2002 年
中国	1229	837	1	1
美国	285	249	4.31	3.36
欧盟	160	148	7.68	5.66
日本	94	90	13.07	9.3
OECD	204	188	6.02	4.45

数据来源:日本能源经济研究所,日本能源与经济统计手册,2005 年版,摘自胡宗义,蔡文彬.能源税征收对能源强度影响的 CGE 研究[J].湖南大学学报社会科学学版,2007.本表中能源强度指标是指单位 GDP 所消耗的能源数量,能源强度倍数为中国的能源消耗强度除以外国的能源消费强度。

就各种主要运输方式能源利用效率(单位能耗)比较而言,航空运输的单位能耗是最高的,2004年达每万吨公里消耗6071标准煤,2007年达到5112标准煤。其次单位能耗较高是公路运输和管道运输,2004年每万吨公里分别消耗559标准煤和501标准煤,2007年则分别为608标准煤和281标准煤。再次,铁路运输每万吨公里耗能2004年为127标准煤,2007年为125标准煤,单位能耗水平比较低。但目前中国铁路单位货运能耗水平大约比美国高23.4%,比日本高11.6%,还存在一定的差距。另外,水路运输每万吨公里耗能2004年为62标准煤,2007年为52标准煤,是5种主要运输方式中单位能耗最低的。

总之,交通运输业能源利用率越低,油耗浪费就越严重,进而会带来高油耗和加剧环境污染。

(2)相关管理部门在统筹管理交通能源环境方面存在一定的不足

国家相关部门已颁布了多个控制机动车能耗和污染物的排放标准,针对机动车尾气、交通噪声污染防治也制定了一些相应的管理办法,但是相关管理体制仍存在不足,主要表现为:尚未形成完善的法律、法规和标准体系,缺乏综合和全面的控制措施,执行过程中由于没有执法依据和缺少标准而给执法工作带来困难;各管理部门之间和部门内部之间的关系未理顺导致监督管理出现空位和脱节现象;排放严重超标车辆治理难度相对较大;交通节能环保意识浅薄而不能自觉遵守或自愿执行法规制度等。

另外,交通运输结构不合理、交通规划不完善、公共交通的主导地位尚未确立等社会原因也加剧了交通能源消费的节能不足问题。

三、重点防护交通能源消费的"阿喀琉斯死穴"——交通能源消费困境的对策

如本章引文故事,具有"金钟罩"的阿喀琉斯身上也难免有不堪一击的"死穴",如果他能正视自身的美中不足,重点守护好自己"命门",才能够真正强大到无懈可击。以此类推,我国要想保持交通运输业和经济社会的可持续发展,也不可忽视交通能源消费中的系列问题,主要的对策如下:

1.统筹国内外能源资源的开发

应立足国内资源优势,在煤炭资源丰富地区建设煤电基地,加快油气资源勘探

开发,抓好主力油气田稳产增产,规划建设现代化的能源综合储运体系。同时,着眼于全球布局,积极开展能源外交,积极实施"走出去"战略,不断提高开发利用境外能源资源的能力,开拓油气进口战略通道。加强与主要能源生产国、消费国和国际能源组织的对话交流,共同维护国际能源市场秩序。

2. 优化交通运输结构以实现系统节能

完善综合运输体系,优化运输结构能够有效提高交通运输系统的能源利用效率,达到系统节能的目的。按照节能降耗、可持续发展的要求,交通运输结构的调整可以注重以下四个方面:一是合理规划道路运输场站布局,形成多种运输方式有效衔接的综合运输网络。二是调整旅客运输结构,发展高速铁路和快速轨道交通,适度限制中长途公路运输,规范发展民航;三是调整货运结构,充分利用铁路和水路运输方式;四是调整城市交通结构,应坚定不移地坚持城市绿色公共交通优先理念和发展模式。注重城市多中心发展,改善交通量过于集中的现状,改善运输环境。

3. 加强交通运输业节能管理

其一,明确交通行业主管部门对本行业的节能执法主体地位和节能监督管理职能,明确节能管理机构的法律地位,通过节能规划等手段加强政府对交通节能的主导和干预力度。据"十二五"规划要求,2015年比2010年单位GDP能耗降低17.3%,即年均降低率3.4%左右,2020年要实现单位GDP能耗比2010年降低31%。为落实国家宏观节能目标的要求,交通运输部门应制定相应的节能专项规划,纳入各交通运输部门发展规划之中,以引导交通运输走上科学发展之路。

其二,根据不同运输方式的行业管理特点,建立和完善与《中华人民共和国节约能源法》相配套的各交通运输行业政策法规与标准体系。一方面保证在交通节能领域不留漏洞,另一方面加强不同交通管理部门在节能政策与管理方面的协调与合作,从而实现依法管能,依法用能。

其三,建立健全有关交通能效、节能方面的统计和指标体系。应细化交通运输能源消耗指标体系,一是部门综合能耗指标;二是运输业务能耗指标;三是交通工具能耗指标,要包括能耗总量指标和能源效率指标。在此基础上,加强交通运输能耗统计工作。

其四,制定和实施完善的运输工具燃油效率标准。应加快制定和实施各种运输工具汽油消耗量和柴油消耗量限值标准,形成比较完备的运输工具燃油消耗限值标准体系,并加强对在用运输工具实际能耗的检测与管理,以便全方位地提高交通运输工具技术性能和燃油效率、实现节能减排。

其五,建立健全交通节能技术及能源使用等方面的激励和约束机制。

在开发应用交通节能技术和能源使用环节的同时,离不开以经济杠杆为主的激励和约束机制的健全:①建立先进交通节能技术和管理技术研发、产业化和市场化的激励机制,通过政府直接投入、财政补贴、贷款贴息、税收优惠、奖励等措施,鼓励交通节能技术和管理的研发产业化和市场化。②加快车辆税费制度改革,抑制燃油需求过快增长的势头,促进小排量、燃油经济性好车型的生产和销售。车辆税费制度改革主要包括开征燃油税❶、完善车辆购置税差别税率和建立机动车能效标识制度。③对清洁替代燃料的使用提供政府补贴。由于清洁替代燃料一般在大规模生产初期成本高于传统燃料,政府应加大对生产企业的税收或补贴支持力度,以提高替代燃料的市场竞争力,促使其不断扩大生产规模。④在城市交通领域充分发挥财税、价格杠杆对于调节城市交通需求和节能的重要作用。如加大对公共交通企业运营、车辆更新、购置替代燃料汽车的财政支持力度;对城市公共交通的能源供应给予充分的保证和适当的优惠政策(如燃油税退税和有别于工业用电的优惠电价);建立政府主导的城市公共交通投融资体制,对社会资本参与城市公共交通建设采取财税优惠政策;参照国际经验,通过征收或提高停车费、市中心拥挤费、高峰时段和区段通行收费等价格手段减少私人交通利用率等。⑤在全社会开展经常性交通节能宣传和教育培训活动,这类活动可由政府组织,也可由政府补贴非盈利组织开展,以不断提高全社会的交通节能意识和能力。

4. 推动新型节能交通工具的研发和使用

积极开发电动汽车和车用高性能蓄电池。据专家对原油有效利用情况分析,电动汽车比燃油汽车节能70%左右,能源费用可节省50%左右,其发展符合环境保护和可持续发展的要求。但由于受电动车较高的研制成本的制约,在相当一段时

---

❶ 燃油税是指政府对燃油在零售环节征收的专项性质的税收。通过征税的办法从油价中提取一定比例作为养路等费用。其基本原理是:车辆类型及行驶里程长短,载货量大小是与耗油量的多少紧密相连的,耗油越多证明其享有使用公路的权力越多,因此,包含在油价中上交的燃油税就随之增多,对公路养护所尽的义务也就越多。

期内电动车保有量仍然有限,与燃油汽车相比,它在配套措施和服务体系方面目前还缺乏经济上的比较优势。因此,一方面还需要建立有效的利益导向机制和推广条件,探索促进电动车发展的政策构架和市场化途径;另一方面要加快完善电动汽车使用的配套措施和服务体系。

积极开发清洁柴油车。柴油车的 CO_2 排放量仅为汽油车的 3/4 左右,我们应充分利用柴油车的特点,进一步开发和普及清洁柴油车。

大力发展船舶节油技术,开发或引进新型节能船舶和节能发动机,淘汰油耗高的老旧船舶。

大力推动高速铁路技术的"引进消化"与自主创新,提高速铁路运输的效率和安全。

关键词：

（1）阿喀琉斯之踵

（2）能源

（3）化石能源

（4）第三次"能源革命"

（5）标准煤

（6）能源安全

（7）温室气体

（8）能源强度

（9）燃油税

（10）燃油消耗定额制度

思考与讨论：

（1）请问你怎么理解交通能源的"阿喀琉斯神力"？

（2）请分析什么是交通能源消费的"阿喀琉斯之踵",并请提供一个具体事例。

（3）请你出一个主意,以促进交通运输业的节能减排。

（4）请你每月做一次有益于交通节能减排的事,并分析你选择这么做的依据。

参考文献：

[1] 百度百科.阿喀琉斯之踵［EB/OL］.http：//baike.baidu.com/view/17268.htm

[2] 欧阳斌,李忠奎,陈建营.典型发达国家交通运输能源消费特征分析与启示[J].综合运输,2010,12.

[3] 吴文化,樊桦,李连成,等.交通运输领域能源利用效率、节能潜力与对策分析[J].宏观经济研究,2008,6.

[4] 管清友.能源—交通体系与城市化模式[J].中国市场,2010,12.

[5] 李连成.能源安全与交通节能[J].中国国情国力,2008,6.

[6] 赵国通.能源紧缺挑战交通工具的变革[J].电动自行车,2006,1.

[7] 朱成章.世界能源的未来[J].中国电力,2003,9.

[8] 吴文化.我国交通运输行业能源消费和排放与典型国家的比较[J].中国能源,2007,10.

[9] 李连成,吴文化.我国交通运输业能源利用效率及发展趋势[J].综合运输,2008,3.

[10] 刘向晖,严旭剑.北京市能源交通环保统筹协调发展研究[J].中国电力教育,2010.

[11] 贺允东,李明仪,刘东,等.从交通运输与能源的关系论优先发展铁路运输的依据和对策[J].北方交通大学学报,1992.

[12] 徐广印.道路物流能源消耗系统分析及运行调控研究[D].大连：大连理工大学,2010.

[13] 张健.基于LEAP模型的长春市城市客运交通低碳发展研究[D].长春：吉林大学,2011.

[14] 张卫华,王炜,胡刚.基于低交通能源消耗的城市发展策略[J].公路交通科技,2003,2.

[15] 侯荣华,徐荣荣.交通新能源评价指标研究[J].中国科技论文在线,2010,10.

[16] 沈龙利.面对能源短缺与环保需求的可持续交通策略[J].城市交通,2007.

[17] 陶冶,薛惠锋,闫莉.能源税对中国交通业影响及政策响应[J].西安工业大学学报,2009,2.

[18] 胡宗义,蔡文彬.能源税征收对能源强度影响的CGE研究[J].湖南大学学报社会科学学版,2007.

[19] 张晓梅.能源消费预测及其在能源管理中应用的研究[D].大连：大连理工大学,2012.

[20] 常世彦,胡小军,欧训民,等.我国城市间客运交通能源消耗趋势的分解[J].人口资源与环境,2010,3.

[21] 王辉,周德群,周鹏.我国城市客运交通能源回弹效应实证研究[J].我国能源技术与管理,2011,5.

[22] 张扬.我国交通运输业发展现状及能源消费趋势分析(上)[J].节能与环保,2012,1.

[23] 杨洪年.我国交通运输业能源节约的战略选择[J].综合运输,2006,8.

[24] 赵静.我国交通运输业能源消费及用电分析[J].中国能源,2008,12.

[25] 夏晶,朱顺应.中国交通能源消耗与社会经济发展协调性分析[J].商品储运与养护,2008,9.

[26] 胡金东.中国能源安全与交通节能战略[J].技术经济与管理研究,2007,6.

[27] 马天山,樊一江.交通运输与能源和环境战略研究[J].交通运输工程学报,2008,8.

[28] 崔荣国,刘树臣,王淑玲,等.我国能源消耗现状与趋势[J].国土资源情报,2008(5):49-53.

[29] 王建伟,刘小艳,高洁.产业结构调整对交通运输业能源消耗的影响[J].长安大学学报社会科学版.2011,12.

[30] 林芝,季令,施其洲.交通运输业能源短缺问题及应对措施[J].铁道运输与经济,2006,5.

[31] 赵国通.能源紧缺挑战交通工具的变革[J].电动自行车,2006,1.

[32] Bosseboeuf D,Chateau B,B,Lapillonne B.Cross-Country comparison on energy efficiency indicators:the on-going European effort towards a common methodology [J].Energy Policy,1997,25(9):673-682.

[33] 李鹏.不同国家可再生能源消费对经济增长的影响分析[D].杭州:杭州电子科技大学,2011,1.

[34] 杨婧.道路运输行业节能减排战略措施研究[D].西安:长安大学.2009,3.

[35] 中华人民共和国气候变化初始国家信息通报[M].北京:中国计划出版社,2004.

[36] EDMC 编.节能手册[M].2006,节能与环保杂志社.

[37] 2005 年中国交通年鉴[M].北京:人民交通出版社,2006.

[38] 李建中.大国博弈与能源战争[M].西安:西北工业大学出版社,2009.

[39] 刘汉元,刘建生.能源革命改变 21 世纪[M].北京:中国言实出版社,2010.

[40] 张位平.能源焦点与视点[M].北京:石油工业出版社,2010.

[41] 江泽民.中国能源问题研究[M].上海:上海交通大学出版社,2008.

[42] 刘传庚,等.中国能源低碳之路[M].北京:中国经济出版社,2011.

[43] 中国统计年鉴(1991—2011)[M].北京:中国统计出版社,2012.

[44] 中华人民共和国气候变化初始国家信息通报[M].北京:中国计划出版社,2004.

[45] 我国交通运输业能源消费现状[R].中国产业研究报告网.2012,5.Oak Rilge National.

[46] Oak Ridge National Laboratory.USA Transportation Energy Data Book(Edition 32)[EB/OL].http://cta.ornl.gov/data/index.shtml,2013,7

王者之道——汽车品牌营销

Quest for Power—Automobile Brand Marketing

谢欣吟绘图（重庆一中高 2015 级 27 班）

品牌有三界：产品为基石、品牌为人性、王牌为天道，三界合一，无往而不胜。

姚琦

> 富康是可靠的,网点是遍地的,价格是适中的,三厢是多余的。
> 捷达是有力的,外观是土气的,提速是快快的,销量是最大的。
> 大众是神奇的,焊接是激光的,技术是领先的,粉丝是最多的。
> 巴赫是昂贵的,面子是重要的,内外是一流的,车主是局限的。
> 奇瑞是自主的,模仿是曾经的,技术是创新的,质量是可以的。

网上流传着许多关于汽车品牌的有趣说法,虽然不乏吐槽,但是也反映了消费者对这些汽车品牌最直观的感受。

在日常生活中,我们可以看到一些值得思考的现象:有人讲东风本田汽车公司的思铂睿买来之后,即自行将商标改为了讴歌;某些车主在购车时,总是购买同一个品牌的车型,涌现了一个大家庭购买了十几部甚至几十部同一车型的"捷达之家""雅阁之家";还有车主开着名爵的车,却在车尾贴上了奥迪 Quattro 的壁虎标志;有些人买豪车的目的不是使用,而是获得参加车主聚会的资格⋯⋯

这些,都可以归根于汽车品牌的魅力。汽车品牌好像是一块具有魔力的招牌,吸引着人们,影响着人们。那么具体什么是品牌？什么又是汽车品牌？

"品牌"一词据说起源于19世纪早期威士忌桶上的区别性标志。随着时间的推移,品牌概念逐渐聚集了丰富的内涵。国际广告大师大卫·奥格威说过"品牌是生活结构的一部分"。对品牌的定义,不同时期不同组织和个人都有不同的一些看法。以下是一些具有代表性的定义:

奥美的创始人奥格威(D.Ogilvy,1955)认为,品牌是一种错综复杂的象征,它是品牌的属性、名称、包装、价格、历史、声誉、广告风格的无形组合。

美国市场营销协会(AMA)在其 1960 年出版的《营销术语词典》上把品牌定义为:"用以识别一个或一群产品或劳务的名称、术语、象征、记号或设计及其组合,以和其他竞争者的产品或劳务相区别"。

著名营销学家菲利普·科特勒(P.Kotler,1994)认为,品牌包含多方面的内容,至少有以下六个方面:属性、利益、价值、文化、个性以及用户。

广告专家约翰·菲利普·琼斯(J.P.Jones,1998)对品牌所下的定义为:能为顾客提供其认为值得购买的功能利益及附加价值的产品。

关于"品牌",一直没有一个"一统天下"的权威定义。不过大多数主流观点在本质上是近似的。尤其是,越来越多的人都达成共识:品牌是一个以消费者为中心的概念。整合营销理论进一步强化了品牌要以消费者为核心的理念。品牌是一个复合的概念,对于品牌的拥有者而言,其涉及的是一个比产品、商标等概念更为广泛的内容。

对于汽车而言,品牌的定义与其他种类商品没有什么根本的不同,而且由于汽车本身的使用属性,让其成为品牌演绎的精彩舞台。对于汽车这个"具有灵魂的机器",品牌的重要性更显突出。可将汽车品牌定义为:社会公众对某种汽车产品或者服务的总体评价和认知。

一、每个人都可以定义汽车品牌

1. 汽车品牌的多重理解

美国著名品牌专家拉里·莱特(Larry Light)说:"未来的营销是品牌的战争,即品牌互争长短的竞争。拥有市场比拥有工厂更重要,而拥有市场的唯一途径就是拥有强势的品牌。"汽车的设计水平、产品品质、企业管理、营销活动、公关与广告等多种企业行为都直接或间接地影响汽车品牌的建立和发展。可以说,汽车生产企业的所有活动都最终作用于品牌,而品牌又会反作用于企业。

品牌就是企业的一切!这并不夸张。我们可以说,品牌就是一个账号,保存在社会公众的心理银行。企业的产品甚至包括所有行为,都可以看成是一种载体,最终的努力就是不断向心理银行的账号上累积财富。产品盈利了,那就是品牌账号付给所有者的利息。产品、营销、服务等各个环节的失误,带来的都是品牌账号上财富的减少,其结果也必然会导致利息甚至本金减少。

这就是所谓的品牌驱动经营战略,品牌是企业资产价值的真正体现,品牌战略是企业经营战略的总体反映,重新认识品牌战略至关重要。品牌创建比市场营销更具战略性,它不仅使企业经营战略更加明确,而且对市场营销更具指导意义。顶尖的品牌都具有各自的远景、宗旨、财务目标和市场目标,以及一整套实现这些目标的战略组合。

汽车品牌对于消费者来说,意味着产品来源的识别、产品制造者的责任、减少购买决策风险、承诺、保证书、与产品制造者的契约,是某种生活态度和生活方式的象征,是一种质量标识。比如一汽——大众捷达轿车,从车型本身来说,无论在中国经过多少次"拉皮",其实在国外是早就被淘汰的车型,而至今仍然占有非常重要的市场份额,很多人都对此大为不解,甚至口诛笔伐,却没有想想背后的深层原因。简单地说,捷达轿车的长青完全是品牌的力量。之前中国只有"老三样"(富康轿车、捷达轿车、桑塔纳轿车)的时候,捷达轿车也许只是不得已的选择。但目前中国市场上同价位车型多如牛毛,捷达轿车依然销量可观。许多购车者认为,捷达轿车经过多年的磨砺,质量稳定,维修可靠,购买它至少没有太大的风险,而购买某些新车型,生怕成为"小白鼠"。这就是品牌在物理属性上给予消费者的价值。

而品牌对于消费者的价值不止于此,心理上的满足同样重要,在一个成熟的汽车社会,品牌的文化内涵对购车者来说同样意义非凡。很多汽车消费者通过座驾将自己的生活态度进行表达,这同样是汽车品牌对于消费者的重大意义。

汽车品牌对于持有者来说,是简化运作或者追踪识别的方法,是合法保护独特性象征的方法,是赋予子产品独特性的方法,是满足顾客质量要求的标志,是竞争优势的来源。基于上文中讨论的汽车品牌对于消费者的多层意义,不难理解汽车品牌对于持有人来说,仿佛就是一块"磁铁",可以用来吸引那些可能被吸引的消费者。汽车品牌的真正价值,绝对不是生产车间那些生产线,而是持有人小心呵护下,在和消费者的互动中,培育出来的汽车品牌的独特内涵。汽车品牌散发出的光辉,将为持有人带来源源不断的利益。

在中国,我们发现很多有悖于价值观的市场现象。例如当年,在没有任何品牌知名度情况下,比亚迪汽车半路杀出,F3轿车的销售一鸣惊人。与当年TCL手机以一款"钻石"概念手机红遍天下一样,仿佛让我们以为,只要一款拳头产品,企业就可以成功,品牌似乎成为绣花枕头。其实不然,这种现象只是中国汽车社会并没有成型的特殊情况下所产生的大量机会之一而已。一款产品或许可以获得一时的成功,却并不能保证企业的基业长青。随着汽车消费心理的成熟和比亚迪汽车的发展,比亚迪公司对品牌的认识也显然不同以往。

因为中国大多数汽车消费者还是首次购车,品牌偏好表现得还不是很明显,尤其是大量的首次购车者,在汽车消费选择过程中,缺少一份"品牌地图",厂商和消

费者信息业不对称,很多消费者带有明显的盲从性。

但是,随着汽车消费的继续飞速发展,汽车消费群体在经历"车的初体验"之后,他们逐步对汽车和汽车品牌,会有自己的判断基础,品牌意识必然越来越强烈。"什么人开什么车"的现象也越来越明显。

2. 解读多维度的品牌王国

我们说到汽车品牌,可能更多想到的是车头上那个车标。其实,汽车品牌是一个多维度的层级体系。对于很多车主来说,他们常常把不同层级的品牌混为一谈,这正说明了中国车市需要长时间的品牌发展和品牌教育。比如,当年广州本田汽车有限公司只推出了雅阁这一款车,于是很多人直接就把雅阁汽车当成"广本",这是不科学的。后来因为广汽本田不断推出新车型以及品牌推广的系统化,这样的现象就相应减少了。汽车品牌是分层级的,一般而言有以下一些常规存在的层级。

(1)企业品牌

企业品牌是整个汽车企业的品牌。企业品牌这个概念在国外可能比较简单,但到了中国,却因为产业政策的因素,可能带来认知上的不同,可以大致区分为三种主要形式。第一种是中资企业品牌,例如吉利品牌、上海汽车、长城汽车、长安汽车等;第二种是外资企业品牌,例如雷诺汽车,但是这些汽车企业更多的只是销售了产品到国内,并没有成为一个完全的企业公民,所以其企业品牌部分的形象一般都比较迷糊;第三种是合资形式的汽车企业品牌,在中国,由于合资企业的存在,产生了复合形式的企业品牌,例如一汽大众、上海大众、东风日产、广州本田、上海通用等合资企业,与手机中的索尼爱立信类似,是汽车行业特殊形式的企业品牌。

企业品牌是汽车品牌的基础和背景。"大树底下好乘凉",一个强大的企业品牌可以为旗下车型提供有利的正面联想。尽管汽车行业发展的过程中出现了一款车引爆一个市场的神话,但这并不能否定企业品牌的战略地位。在一个成熟汽车市场,消费者在购买决策中,企业品牌的影响因素至关重要,很多时候,企业品牌和具体的产品品牌是紧密相连的。从另外一个角度来说,好的产品和服务获得了市场的认可,其良好的声誉将会存入企业品牌这个"银行账户",那么该企业在推出其他产品的时候,就可以获得前期声誉的支撑,这说明企业品牌是品牌资产的通存通兑之处。

(2) 业务伞品牌

有的汽车厂家实行多品牌战略,拥有丰富的产品线。例如通用公司旗下有别克、雪佛兰等车型系列,丰田公司拥有雷克萨斯和丰田等车型系列,大众公司拥有大众、奥迪、斯柯达等车型系列。往往不同的产品系列有不同的市场定位和品牌特征。我们将汽车企业品牌下一级的系列产品的品牌称为业务伞品牌。我们要注意到,由于企业的规模有差别,对于某些企业而言,有的时候,企业品牌和旗下的产品线品牌是有相同名称的,例如丰田公司旗下的产品线也有丰田汽车,但其内涵却完全不同,一个是企业层面,一个是产品线层面。某些规模较小的汽车企业,旗下车型比较少,可能没有业务伞品牌,企业品牌之下直接就是车型品牌。

(3) 车型品牌

在同一个伞品牌下,可能有很多车型,这时就需要对具体的车型加以区分,例如在通用汽车公司的别克业务伞品牌下,有君威、凯越等具体车型品牌。大众汽车公司旗下的奥迪业务伞品牌下拥有 Q7、A6、A4、TT 等不同的车型品牌。同一车型虽然还可以细分为多种配置和款式,但一般而言其品牌内涵没有差别,所以不具有讨论的意义。需要注意的是,某些车型会推出纪念版或者高性能版等车型,这是具有区别意义的。这样的个性版本,具有强化品牌内涵或者技术特征的意义。例如 MINI 公司推出了 50 周年纪念版 MINI 汽车,分别命名为 MINI 50 Mayfair 以及 MINI 50 Camden。外形上,这两个系列在进气格栅上都增加了 50 周年的标志,在车身侧面也刻上了它们的名字,车身采用特别的涂装,这点有别于普通车型。纪念版本的推出是车型个性化的进一步延伸,更重要的是彰显了品牌历史和文化。国内一汽大众汽车公司曾推出的宝来 R 车型,也是对宝来"驾驶者之车"的定位提升和强化,具有独特的品牌魅力。这些车型中的特殊版本,对整个车型系列的品牌形象传播具有强化意义。

(4) 技术品牌

一些厂家为了体现产品的差异性和竞争力,会将自身所拥有和使用的技术进行品牌化包装,从而让消费者更加清楚地识别,更加牢固地记住其产品的技术优势,以此增强其产品在竞争中的优势地位。可变气门正时系统目前在一些汽车品

牌的产品中得到了大量应用,而最具影响力的无疑包括了丰田公司的 VVT-i 车型和本田公司的 VTEC 车型以及 i-VTEC 车型。丰田公司和本田公司在产品宣传中大量对自己冠名的可变正时技术进行宣传,并都宣传自己的技术是"独特"的,其实一般消费者根本无法详细了解其工作原理,但这种技术词汇无疑让许多消费者对丰田和本田的发动机技术有一种积极的联想。说到可变正时技术的时候,先入为主的就是本田汽车和丰田汽车。同样,大众汽车公司则大力宣传自己的 FSI(燃油分层喷射技术),作为在发动机新技术上与 VTEC、VVT-i 等比拼的王牌,也引起人们的高度关注。

值得注意的是,有些技术可能是多家汽车厂商均具备的,单为了显示差异化和竞争力,各个汽车品牌往往自说自话。例如双离合变速器,大众、宝马、福特、保时捷、三菱等汽车厂家其实都拥有或者使用这个技术,但不同的厂家所推广的名称却不一样,大众叫 DSG、奥迪叫 S-Tronic、保时捷叫 PDK、宝马叫 DKG、福特叫 Powershift、三菱叫 SST。这样做的目的就是为了在技术同质化背景下,实现品牌识别。

(5)服务品牌

随着汽车市场竞争的深入,只靠产品的硬实力说话已经落伍了,因为总体而言,汽车产品的同质化现象日趋明显,要增强市场竞争力,就必须提升服务。流传甚广的一句名言"第一辆车是销售人员卖出去的,第二辆以后的车是服务人员卖出去的。"这就表明了服务对于汽车品牌建设的长远意义。近年来,从我国汽车市场来看,各大品牌在服务方面所做的宣传已经明显增多,很多汽车厂家的广告内容中,体现服务的频次已经高于对产品本身的宣传。据预测,到 2015 年,中国汽车产业总值预测将超过 15000 亿元,其中服务业的产值将占到汽车产业总产值的三分之一左右,市场规模增至 5000 亿元,表现出巨大的潜力和良好的成长性。面对这样一个蓬勃发展的市场,将服务作为一个品牌来运作,其战略意义不言而喻。

在中国,较早启动服务品牌的是上海通用汽车公司。他们于 2002 年 11 月启动了"别克关怀"(BuickCare)汽车服务品牌,秉承"比你更关心你"的理念,将汽车服务从"被动式维修"带入了"主动式关怀"的新时代。别克关怀拥有六项服务承诺:主动提醒/问候;一对一顾问式服务;快速保养通道;配件价格/工时透明;专业技术维修认证;两年/六万公里质量担保。除每年主动发起全国范围的别克关怀健康中心系列免费健诊活动外,还创造性地推出领先同行的服务产品——星月服务和菜单式保养。此外,无论是豪华品牌奔驰汽车的"星徽服务",还是自主品牌奇瑞汽车的"快·乐体验",一大批厂家建立了自己的服务品牌。汽车售后服务品牌化运作有利于实现顾客满意度和品牌忠诚度的正向加分,也有利于从客户体验和品牌情感上实现差异化竞争。

随着各大汽车厂家纷纷加强服务,服务品牌也在继续深化,许多业务单元例如二手车置换、金融服务、租车服务等也开始品牌化运作。例如,东风日产汽车"感心服务"品牌之下,还有"N易贷"、"易租车"等业务单元品牌,让服务品牌更加丰满和生动。

案例 1

宝马的品牌关怀

宝马汽车以先进的技术、卓越的品质和优雅的风格而享誉全球。从第一次世界大战开始,象征飞机螺旋推进器的蓝白圆形标志一直沿用到现在,BMW 的标志已经成为精湛技术和流畅驾车的象征。宝马品牌具有极为特殊的社会象征意义。

在全世界的公司识别中,宝马一直以重视品牌形象而著称。所以,在任何一个地方,只要有宝马汽车展示中心或服务中心,就都会挂有 BMW 统一的标识,始终如一地阐述着自己"品质、效率和专业化"的品牌价值。宝马品牌始终不移地将自己的目标客户定位为白领阶层的成功人士,突出其品位和身份,在某种程度上,宝马已经成为 30~40 岁事业有成的中年男性的象征。成熟的男性和 BMW 之间形成的联系来源于"内在"的魅力,宝马品牌被人格化了。汽车的品质通过内在的东西表现出来,它不会因时间流逝而丧失,这就是 BMW 品牌经久不衰的奥秘。

宝马作为豪华汽车品牌中的标杆之一,一直致力于为车主提供纯正的驾驶体验,完美的设计和出色的性能已经让宝马成为最成功的品牌之一。宝马集团不仅将先进的产品引进中国,优质的服务理念、细致周到的服务体系也在为中国车主所享受。继 2011 年 2 月 21 日全面提出以"悦常在,驾无忧"为主题的售后服务战略以来,围绕"高效、透明、关爱"三大服务宗旨,宝马又重磅推出"1 小时机油保养服务"、"24 小时小钣喷预约快修"、"BMW 事故救援服务"等多项售后服务新举措,让我们深刻感受到了BMW品牌的售后服务理念及其肩负的社会责任。

（资料来源：汽车之家，http://www.autohome.com.cn/news/201102/176988.html）

二、"就是要和你不同"——汽车品牌个性

虽然品牌代表没有生命的物体，但是通过良好的营销策略，品牌也可以具有人性化的魅力，构成魅力中的一项要素——品牌个性，起到画龙点睛的作用。品牌个性和人的个性一样，具有连续性和一致性，这是识别品牌的重要依据。美国著名品牌战略专家戴维·阿克曾经在其品牌形象论中提出："最终决定品牌市场地位的是品牌总体上的性格，而不是产品间微不足道的差异。"由此可见，汽车品牌个性是构筑品牌竞争力的重要元素，决定了汽车品牌的市场表现。

1. 多视角界定品牌个性

关于品牌个性的定义，国外学者从不同的角度对它做出了阐述，目前大致形成了四个视角：①从品牌个性的功能来进行定义。马尔霍特拉（Malhotra, 1998）认为品牌个性是一个理想的自我。凯勒（Keller, 1993）认为品牌个性倾向于提供一个象征性的或者自我表达的功能。②从品牌个性的表现来定义。阿普绍（Upshaw, 1995）认为品牌个性是指每个品牌向外展示的个性，是品牌带给生活的东西，也是品牌与现在和将来的消费者相联系的纽带，品牌有魅力，也能与消费者和潜在消费者进行感情方面的交流。麦克莱克（Macrcae, 1996）认为品牌个性是借由人和动物的形态，使得品牌具有多变的属性。③从品牌个性的形成上来定义。雷吉·巴特拉（Rajeev Batra, 1999）认为，品牌个性即整体品牌形象内在的联系，它包括（但不限于）与品牌特色、标志、生活方式及使用者类型的联系，这些品牌个性联系创造了品牌的综合形象。康勒特和扎尔特曼（Conlter and Zaltman, 1994）以及福尼尔（Fournier, 1995, 1998）认为品牌个性在于品牌自身的意义，以及它给人们所带来的生活意义，这种形象的建立是通过品牌作为一个合作伙伴与使用者的相互作用中而形成的。这些定义从品牌个性的产生上来解释品牌个性，倾向于把品牌个性看成是一种独特的整体联系方式，它淡化了品牌个性作为品牌的个性化特征的含义。④从品牌个性人性化特征来定义。珍妮弗·阿克（Jenniffer Aaker）认为品牌个性是与品牌有关联的一整套个性化的特征。她认为品牌个性既包括品牌性格，又包

括年龄、性别、阶层等排除在人格、性格之外的人口统计学特征。她还进一步指出,和产品相连的属性倾向于向消费者提供实用功能,而品牌个性倾向于向消费者提供象征性和自我表达的功能。

综上所述,解读汽车品牌个性,有两个视角。从汽车厂商的视角来说,品牌个性是指通过营销组合对品牌名称和标志、品牌文化、使用者形象、产品本身等品牌要素的价值进行提炼,使品牌具有人性化的魅力。而对于汽车消费者来说,品牌个性的感知、内化则建立在消费者自我概念的基础之上。消费者对一个品牌个性的认知是从自我角度出发,有可能和厂商设计的品牌个性不一致。

2. 品牌个性的特征

随着经济的不断发展,各个行业对品牌的重视,导致大量的品牌涌现出来,人们选择品牌的行为由集中化变得分散化,各种品牌都拥有一部分消费者。由于购买力的增强,消费者选择品牌的经济因素弱化,情感因素、自我表达、寻求差异化的因素的影响力在上升,这些背景使企业对品牌个性越来越重视。要塑造一个独特的汽车品牌个性,有必要先了解一下品牌个性的相关特性。①人格化。珍妮弗·阿克(1997)认为品牌个性是与品牌有关联的一整套人性化的特征。消费者容易把品牌看作特定的人群,人为地赋予品牌不同的人性化特征。尤其是现在很多品牌都有相应的品牌形象代言人,在移情的作用下,消费者把品牌看作和品牌形象代言人一样具有某些独特的属性。②独特性和不易模仿性。品牌个性之所以能够为品牌塑造提供强有力的支撑,就在于品牌个性是独一无二的,是难以模仿的。品牌个性会造成独特的卖点和诉求,为品牌差异化的建立提供一条途径。即使竞争对手的品牌名称、价格、产品包装等品牌属性和你一样,但是独特的、不可模仿的品牌个性却是不可复制的,这也造就了不同的品牌竞争力和吸引力。③持续性和一致性。品牌个性的塑造是一个长期、系统化的过程,需要一段时间的积淀。变幻不定的品牌个性不仅使企业投资于品牌的资源无法产生效果,还会使消费者的认知发生混乱,难以吸引稳定的消费者和促销使消费者达成品牌忠诚。④发展性。历史悠久的品牌会随着时代的发展,丰富和演变自身品牌的内涵,以保持生命力,维系于顾客发展起来的品牌关系。时代变迁、经济环境、自然环境、政治环境、消费者自身需求的不断变化,都要求品牌与时俱进,保持与时代的一致性,以迎合消费趋势。

综上所述，品牌就像一个具有生命力的人，它与消费者建立牢固的关系的一个关键因素就在于它是否具有鲜明的个性。消费者选择汽车品牌时，会自然地赋予品牌一定的人性化色彩和对自身所想表达的自我形象进行评判，以决定是否选择该品牌。通过对汽车品牌个性特征的把握，使企业在塑造汽车品牌个性的时候不至于盲人摸象，只看到和把握品牌个性的一部分，而失去整体上的理解，导致汽车品牌个性的塑造缺乏统一性和一致性。

3.品牌个性的价值

无论是对于汽车消费者还是对于汽车销售商，品牌的价值都是非常巨大的。品牌价值真正的基础来源于消费者的意识，只有消费者相信不同的品牌能够提供不同的价值，他们才会花费大量的时间和货币去购买不同的品牌。想要在消费者心中造就有价值的品牌认知，品牌个性无疑是一个有利的途径。品牌个性的价值从汽车企业角度来讲，主要有以下几个方面：

（1）增强企业核心竞争力

汽车品牌个性对于改变汽车简单的功能价值构成，丰富汽车产品和品牌的情感性、人性化的软性价值构成有非常大的作用。企业核心竞争力的基本属性就是独特和不易模仿性，由企业的研发、生产、管理、营销等基本活动整合、演变而成。由于品牌个性的形成是长时间积累的过程，本身具有独特性和不易模仿性，给竞争对手构成了竞争壁垒，为企业营造持续的核心竞争力带来了天然的优势。

（2）提升品牌资产、造就品牌忠诚

随着消费者表达自我意愿的增强，汽车品牌个性与消费者自我概念的一致性影响着汽车消费者的品牌态度，进而影响消费者的品牌忠诚。鲜明的品牌个性有助于突破消费者的枪杆阀门，占据消费者的心智，产生独特的品牌联想。汽车品牌所代表的认知质量除了来源于产品本身以外，很大一部分是通过长久的营销活动积累起来的。作为汽车品牌人性化、情感性的一面，品牌个性对消费者形成正面的认知质量有着显著的作用。

（3）促进品牌延伸

品牌延伸往往会造成消费者对品牌的认知模糊，使品牌和产品之间建立的原有联系发生变化，汽车品牌也不例外。但成功的品牌延伸不仅可以使新产品打开市场,节约新产品进入市场的费用,而且还丰富了母品牌旗下的产品线,给母产品注入新鲜感和活力等等。因而鲜明的品牌个性绝对会推动品牌延伸,一些知名的汽车品牌,如宝马、法拉利、吉普等已经开始在中国开设品牌服饰店,通过服饰展开汽车品牌文化。

法拉利汽车公司在北京、上海、杭州等地开设了精品专卖店,专营法拉利品牌的商品。其中包括服装系列、皮具、手表、按实物比例制作的汽车模型以及玩具等,价格则从80元的记事本到2万多元的手工缝制的皮质衣架不等,为法拉利品牌的客户、车迷们提供丰富多彩的产品。法拉利品牌经典红色与运动风格相结合的服装,印着法拉利品牌的不同的Logo和F1的传奇团队,取材天然,工艺精良,所制作服装多采用意大利传统精细手工艺。法拉利专卖店不仅仅是意大利手工精品的卖场,更集结了法拉利品牌源远流长的历史和经典尊贵的品牌个性。从第一辆法拉利车到GT跑车与F1赛车,所有汽车模型都是法拉利品牌的历史浓缩和再现,每一款产品都是玩家眼中不可或缺的收藏珍品。

案例2

吴彦祖诠释全球新锐派中级座驾品牌个性

2012年8月23日晚,备受关注的全球新锐派中级座驾——北京现代朗动全国新车发布会在中国国家会议中心隆重举行,香港当红影星吴彦祖与朗动一同闪耀登场,诠释"全球新锐派中级座驾"的品牌个性,彰显朗动的时尚魅力。吴彦祖完美诠释了朗动目标族群新锐派的形象与气质,每一个俊朗的笑容、每一个诱人的眼神,都淋漓尽致地演绎了新锐派走在时尚前沿、乐享生活、追求品味、积极进取的个性。吴彦祖时尚的外形、英俊、阳光的气质,一如朗动引领潮流的全新设计;吴彦祖硬朗,敢想敢为的个性,正如朗动超越同级的充沛动力;同时吴彦祖在电影界的影响力,蒸蒸日上的事业高度,恰如朗动将成为中级车市场的新标准、典范的实力,与朗动所倡导的"朗于心 动于行"相互辉映。

俊朗演绎　炫动体验

对于朗动的代言,吴彦祖表示:"我与朗动的经历相似,都是在美国长大的,朗动

在美国早已星光璀璨,深受喜爱,获得了第 19 届北美 COTY(Car of the Year 年度车型)这一全球汽车界最高荣誉,2011 年创纪录销售了 18.6 万辆,我相信在中国市场,朗动会比在美国更畅销,成为一款炙手可热的明星中级车。朗动拥有众多同级市场的突出优势,设计全新、空间全新、配置全新、动力全新、安全全新,希望朗动能带给消费者全新的感受,陪伴他们引领时尚潮流,享受高品质、自信乐观,追求积极向上的生活。"

全能明星　交相辉映

朗动是北京现代在中级车领域的又一革新之作,是继第八代索纳塔热销后推出的又一款旗舰车型。作为一款全面超越同级的全球新锐派中级座驾,朗动拥有五大全新优势,包括"观风动"的全新设计、"赏心动"的豪华丰富全新配置、"享感动"杰出的全面安全、"品逸动"的宽大全新空间、"行锐动"同级别最强的全新动力,卓越的产品力将使朗动有望成为中级车新标杆。

(资料来源:汽车之家,http://www.autohome.com.cn/dealer/201208/1606010.html)

三、"死要面子不受罪"——汽车品牌形象

1.品牌形象定义之百家争鸣

20 世纪 50 年代,大卫·奥格威从品牌传播的角度提出品牌形象传播的概念,倡导用广告树立品牌形象。从此,品牌形象的概念就一直作为一个重要的概念,在营销领域备受重视。但是关于品牌形象概念的界定一直存在众多流派,无法统一。从内容上看,品牌形象的概念有四个基本视角:①品牌形象的整体学说。纽曼(Newman,1957)提出品牌形象是人们对品牌的总体感知,他的建立是基于产品的属性和广告等营销活动。赫佐克(Herzog,1963)认为品牌形象是消费者对品牌的感知。迪希特(Dichter,1985)指出品牌形象是产品给消费者的整体印象。该流派品牌形象定义虽较笼统,但却明确指出品牌形象是基于消费者对实际情况的感知。②品牌形象的象征意义说。该学派认为产品通过品牌形象表达象征意义,消费者据此来区别品牌,同时这些象征意义强化了消费者的自我良知。萨默斯(Sommers,1963)指出品牌形象是产品所体现的意义,是消费者对产品象征的感知。李维(Levy,1985)提出人们购买产品不仅是因为其物理属性和功能,还因为其个人和社会象征意义。德吉和斯图尔特(Durgee and Stuart,1987)更进一步提出象征意义与特定产品类别相关。诺斯(Noth,1988)则从符号学角度出发,认为商品的符号意义就是品牌形象。③品牌形象的个性说。该学派认为品牌形象具有类似人的显著个性特征。贝廷格(Bettinger,1979)等提出了产品"成人"和"孩童"形象。瑟尔吉(Sirgy,1985)进一步将品牌形象扩展为产品像人一样具有个性形象。该流派用情感视角提出品牌形象有情感诉求,与人类一样,拥有个性特征。④品牌形象的认知心理说。该学派认为品牌形象的产生基于认知或心理过程。加德纳和李维(Gardner and Levy,1955)提出品牌形象是消费者对品牌的观点、情感和态度组合,体现产品社会性和心理性的本质。巴尔摩(Bullmore,1984)认为品牌形象是人们对品牌的认知和感受。该学派从品牌形象形成的角度探讨了品牌形象的概念,并认为品牌形象是消费者对产品和品牌认知或心理加工的结果。

综合上述的观点,我们可以这样定义汽车品牌形象:汽车品牌形象是消费者对汽车品牌的整体印象和联想。汽车品牌形象的形成来源于两个方面:①消费者对从品牌传播过程中得到的信息进行选择加工;②消费者在消费过程中积累的汽车品牌知识所形成的品牌联想。可见,汽车品牌形象取决于消费者对汽车品牌的联想,是消费者对汽车品牌所积累的记忆。

2.品牌形象的特征

品牌形象的特征主要包括多维组合性、相对稳定性、独特性和发展性四个方面。①多维组合性。品牌形象的构成除了消费者能够直接感受到的品牌名称、标志、产品包装、价格等外在因素外,还包括企业形象、品牌文化、品牌个性等这些消费者不能够直接感受到的品牌内涵。因此,汽车品牌形象具有多维组合性:一方面,它必须以汽车品牌文化、品牌个性等为核心,以此作为汽车品牌形象的内在底蕴;另一方面,它也必须依托于外在的变现形式作用于消费者。②相对稳定性。品牌形象在相对较长的一段时间内会保持其稳定性。符合消费者愿望的企业理念、良好的产品品质、优质的服务等因素,是保持汽车品牌形象长期稳定的必要条件。那些优秀的汽车品牌能够保持几十年甚至上百年而不动摇,正是因为消费者长期的喜爱与消费习惯,其形象能够长久的保持稳定性。③独特性。品牌形象的独特性也可以理解为可识别性和差异性。汽车品牌形象的独特性意味着该品牌形象由于某一方面或某些方面的与众不同,比如独树一帜的标志设计、先进的经营理念、

富有创意的广告等,能让消费者一眼识别。因此,汽车品牌形象的独特性首先与竞争对手相比是独特的;其次能激发消费者独特的品牌联想。④发展性。即使是处于领导地位的品牌,其品牌形象也必须不断丰富和发展,既要继承品牌形象一贯的创痛,又要兼顾市场、消费者以及竞争对手而做出相应的变化。因此,汽车品牌形象的塑造是一个长期的、动态的过程,而不能一蹴而就,它必须不断发展,顺应消费者要求并作出相应变化。MPV 最初进入中国市场时,主要瞄准公务、商务用车市场,让企事业单位用来接客人,所以用户对 MPV 的要求可概括为两点:一是内部空间要宽大,乘坐要舒适;二是外形要气派,让客人感到有面子。针对这部分用户的心理,早期的别克 GL8 汽车就打出"有空间就有可能"的广告语,突出其功能性。当 MPV 的竞争者增多时,GL8 汽车原有的内部乘坐空间优势逐渐丧失,竞争也由单一的功能性竞争过渡到品牌的竞争,厂家开始强调给客人带来的尊贵感。在这种情况下,GL8 汽车打出了"陆上公务舱"的概念,这一品牌形象深入人心,奠定了其 MPV 市场老大的地位。

3.品牌形象的载体

品牌形象需要一定的载体作为支撑,这一载体主要包括产品/服务本身、产品/服务的提供者及使用者。

(1)产品/服务本身

汽车品牌形象最核心的载体是企业的产品或服务。消费者更多的是通过体验汽车品牌所涵盖的产品或服务来对品牌形象进行评价与感知,并且通过将体验过程中所积累的品牌知识内化为品牌意识,在消费者进行第二次消费的时候,这些品牌意识能够迅速启动,促使消费者购买。产品或服务是形成品牌形象最重要的载体,汽车品牌形象的传播与运作,最终也必须通过消费者对产品或服务的消费与体验来认同。另外,汽车品牌形象的丰富与发展也依赖于新产品和服务的推出,没有产品的推陈出新和服务的不断创新,品牌形象难以进一步发展。

(2)产品/服务的提供者

品牌形象的第二个重要载体是产品/服务的提供者,这包括两个方面:作为整体的企业层面和产品/服务的辅助提供者,包括分销商、广告代理商、物流商等。

首先,对消费者而言,企业作为一个整体,是消费者在选择品牌时最先感知的提供者，比如消费者在选择大众汽车时，首先想到的提供者是大众汽车公司，而非某一个大众的员工。企业层面作为载体带给消费者的是一种无形的影响，企业形象在这一层面发挥了重要作用，让消费者产生信任感。企业形象带给消费者的印象会影响消费者对其所属品牌的形象认知。

其次，企业内部所有能够影响消费者的微观个体如企业的 CEO、销售人员、维修人员、零售店的导购员等是企业产品/服务的微观提供者。这一层面的载体带给消费者的是一种有形的影响，消费者通过实质性地与这些提供者发生接触来认识、理解并感知企业的品牌形象。作为产品/服务的辅助提供者，分销商、广告代理商、物流商的形象能对消费者产生间接的影响。产品/服务的提供者这一载体使消费者进一步了解、感知品牌形象的内涵。消费者消费产品、体验服务更多的是一个人与物互动的过程，而消费者与产品/服务的提供者的交互则包含了更多的人与人互动的过程，使品牌形象在这一过程中体现得更生动、更具体。

（3）产品/服务的使用者

产品/服务的使用者是品牌形象的第三个载体。菲利普·科特勒认为，一个好的品牌应该能向消费者传达出其使用者的特质，由此引申，产品/服务的使用者也能体现企业产品/服务的品牌形象，是品牌形象的重要载体。使用者形象对消费者感知品牌形象有着暗示作用和移情效应。宝马轿车的消费者大多身份尊崇，拥有较多的个人财富，来自社会的顶级阶层，这些个人形象就暗示出宝马高贵的、领导者的、有影响力的品牌形象。

4. 品牌形象符号系统

汽车品牌形象符号系统是品牌形象内涵的外在表现形式，是汽车品牌形象传播的基本内容，也是汽车品牌传达给消费者象征意义的元素。在品牌传播过程中，与消费者直接接触的就是品牌形象符号，这些符号会率先到达消费者的心智，给消费者心理最直接的冲击和影响。

品牌形象符号系统包括符号系统和非语言符号系统，具体而言，主要包括品牌名称、品牌员、品牌标志和品牌包装。

①品牌名称

品牌名称在品牌形象符号系统中具有战略地位，从长远来看，对于一个品牌而

言,最重要的是名字。在短时间内,一个品牌形象的塑造可能就需要一个独特的概念或创意,但一旦把时间扩大到长期,这种概念或创意就会逐渐消失,起作用的将是品牌名称与竞争者品牌名称之间的差别。

②品牌语言

品牌形象的塑造应该力争在消费者心目中形成一个关于该品牌的词汇,这个词汇是其他品牌所不具有的,并且易于被联想。一个独特的品牌词汇,能够在消费者需要某种属性的产品时,迅速启动消费者的品牌意识。以劳斯莱斯为例,太多轿车公司都宣传能生产高贵的车。比劳斯莱斯豪华的车可能存在,但要越过消费者心目中关于劳斯莱斯"豪华"这一词汇的壁垒,则不太可能,这就是品牌词汇对品牌形象的意义。德国大众"甲壳虫"轿车,那句经典的广告语"想想还是小的好",以当时能源危机为背景,一下子就获得了消费者的认同与喜爱,"灵巧、省油、高效"则成为甲壳虫代表性的品牌词汇深入人心。

③品牌标志

品牌标志作为一种特定的视觉象征符号,是视觉识别的重要元素,体现了品牌形象,象征品牌的理念与文化。这是个视觉化的世界,品牌标志是消费者接触并感知的品牌形象最直接、最视觉性的内容。事实上,成功的汽车品牌标志已经成为一种精神的象征,一种地位的炫耀,一种企业价值的体现。很多知名的汽车品牌就因为其简单的品牌标志设计或鲜明色调的运用而牢牢吸引住消费者的眼球,比如法拉利轿车以一匹腾飞的马作为品牌标志,象征着法拉利轿车拥有强劲的动力。

④品牌包装

品牌包装是品牌形象符号系统所有元素的综合表现。如何合理利用包装,将品牌形象符号系统创造性地运用于品牌包装是品牌形象塑造过程中的重要内容。

案例3

李娜担任梅赛德斯-奔驰全球品牌使者

在温布尔顿网球公开赛迎来125周年之际,同样有着125年历史的梅赛德斯-奔驰宣布,将邀请中国首位大满贯冠军李娜担任全球品牌使者,由此,李娜成为第一个担任梅赛德斯-奔驰全球品牌使者的中国人。根据合作协议,在未来的三年间,李娜还将出任由梅赛德斯-奔驰与中国网球协会共同创办的"明日之星"青少年网球训练营形象大使,执教并培养更多训练有素、技术精湛的中国网球后备力量。

"运动基因深植于三叉星徽的血脉,梅赛德斯-奔驰一直致力于推动体育事业发展,更在中国积极推广网球运动。"梅赛德斯-奔驰(中国)汽车销售有限公司销售及市场营销执行副总裁郝博表示:"李娜是中国体育的骄傲,她所展现的不断突破自我的勇气,以及对卓越成绩的执著追求正是梅赛德斯-奔驰'惟有最好'品牌理念的完美体现。此次携手李娜将进一步深化、延续我们在网球以及体育事业上的长期承诺。"

(资料来源:新浪汽车,http://auto.sina.com.cn/news/2011-06-19/2132789102.shtml)

关键词:

(1)汽车品牌

(2)品牌资产管理

(3)品牌个性

(4)品牌形象

思考与讨论:

(1)你所了解的汽车品牌有哪些?你对这些汽车品牌的定位有何见解?

(2)你认为汽车品牌个性与其品牌形象、品牌定位之间的联系与区别是什么?

(3)你认为品牌形象与企业形象有什么异同?

参考文献:

[1] 菲利普·科特勒,凯文·莱恩·凯勒.营销管理[M].12版.梅清豪,译.上海:上海世纪出版社集团、上海人民出版社,2006.

[2] 黄静.品牌营销[M].北京:北京大学出版社,2008.

[3] 唐·舒尔茨,等.唐·舒尔茨论品牌[M].高增安,赵红,译.北京:人民邮电出版社,2005.

[4] 万后芬.品牌管理[M].北京:清华大学出版社,2006.

[5] 周爱学.品牌密码—透视汽车品牌传播的密码[M].机械工业出版社,2011.

[6] Aaker,J.Dimensions of brand personality[J].Journal of Marketing Research,1997,Vol.34,No.3, pp.347-356.

[7] Dichter,E.What's in an image? [J].Journal of Consumer Marketing,1985,Vol.2,No.1,pp.75-81.

[8] 姚琦,何义团.汽车营销与品牌管理[M].北京:人民交通出版社,2014.

汽车金融——汽车产业发展的助推器

Auto Finance—The Auto Industry Boosters

谢欣吟绘图(重庆一中高2015级27班)

汽车以能源为动力,汽车产业要金融助推。

谢水清

汽车金融——汽车产业发展的助推器

> 金融是水，
> 汽车为鱼。
> 鱼得水欢，
> 水无鱼寂。

媳妇好找，丈母娘关难过，25岁的小王眼下就遇到了难题，并为此苦恼。小王大学期间与美貌的重庆山城姑娘月娟相遇坠入爱河，最近准备结婚，月娟欣然应许，但却被丈母娘提出的一个条件卡住了。丈母娘提出的条件就是，结婚可以，但你必须用自己的轿车把我姑娘风风光光的接走，否则，你就只能对我姑娘"打望"了。小王为这事整日闷闷不乐，每天睡觉做梦都在想在哪里去筹钱买车迎娶他心爱的月娟姑娘。

确实，小王怎么会不愁呢？他大学毕业，工作才两年，收入每月3000多元，除去吃饭和房租后已所剩无几了，就算每月积蓄2000元，两年才48000多元。结婚的其他费用不说，光是买一部普通的车也得要10多万啦！小王来自大巴山农村，父母是老实巴交的农民，没有多少经济实力给予赞助，用戏班子的说法，结婚这一档子事的费用开销，只能由小王唱独角戏了。

一天，小王碰到了重庆交通大学校友经济系的小李，小李在汽车公司工作，同学毕业后再相聚，当然是有说不完的话，摆不完的龙门阵，自然也说到了未来丈母娘给他出的难题。小李听小王说后，哈哈大笑，说道："幸好你碰上我了，过你丈母娘这关并不难，你听说过汽车金融没有？你可以通过汽车金融来解决你的难题呀！"，小王顿时眼里发出亮光，把椅子往小李身边靠近了，说道："汽车金融是怎么回事？赶快给我说说！"。

一、什么是汽车金融？

简单地，汽车金融就是与汽车产业相关的金融服务，是在汽车研发设计、生产、流通、消费等各个环节中所涉及的资金融通的方式、路径或者说是一个资金融通的基本框架，即资金在汽车领域是如何流动的，从资金供给者到资金需求者的资金流通渠道。从内容上看，它主要包括资金筹集、信贷运用、抵押贴现、金融租赁，以及

相关保险、投资活动等,它是汽车业与金融业相亲相爱结下的一个甜蜜果。

二、汽车金融的前世今生

20世纪初期,欧美国家汽车工业得到大发展,很多人也产生了追求有一辆自己的汽车的梦想,特别是青年男士,如果有一辆自己的车,载着心爱的女人兜风,那是多么美妙的事呀,可惜很多人的这个愿望只可能是一个梦。因为没有钱呐!为了满足这些人的愿望,又让自己能够赚更多的钱,汽车制造商开动脑筋想出了一个两全其美的妙招,"他们一次不能给足购车款,为什么不可以分期付款呢?"就这样,汽车制造商开始向用户提供汽车销售分期付款的销售方式就出现了。这可以说就是最初的汽车金融服务。它的出现引起了汽车消费方式的重大变革,实现了消费者购车支付方式由最初的全款支付向分期付款方式的转变。随着汽车生产规模的扩张、汽车消费市场的扩大和金融服务及信用制度的建立与完善,汽车金融公司这一为国家法律认可的公司载体形式也应运而生,它帮助解决了汽车制造商和经销商在分期付款中出现的资金不足问题。

历史上最早想出这个点子的是美国通用汽车公司。1919年美国通用汽车公司设立了一个通用汽车票据承兑公司(GMAC),该公司专门承兑或贴现通用汽车经销商的应收账款。由于设立了专门的汽车金融机构,分离了汽车制造和销售环节的资金,使得通用汽车公司的汽车销售空前增长。通用汽车公司的成功引来了其他汽车制造商的羡慕和模仿,1930年,德国大众汽车公司推出了针对本公司生产的"甲壳虫"汽车的购车储蓄计划,向"甲壳虫"的未来消费者募集资金。由此首开了汽车金融服务向社会融资的先例,为汽车金融公司的融资开辟了新的道路。之后,主要汽车制造商开始设立金融机构对经销商和客户融资,银行也开始介入这一领域,并和汽车制造企业财务公司形成相互竞争的局面。

现在汽车金融公司已遍布全球,世界前三大汽车金融服务公司通用票据承兑公司、福特信贷公司、大众汽车金融服务公司在世界汽车市场已家喻户晓。

国外的汽车金融公司类型多样,有的是由制造商直接组建的,有的是汽车财务公司或由金融机构建立的。由于它们与汽车制造商、经销商关系密切,具有专业的知识背景、丰富的运作经验和风险控制体系,能够为消费者、经销商甚至是制造商提供专业化、全方位的金融服务,因而逐步受到服务对象的青睐而日益发展壮大。

三、我国汽车金融的现状

汽车消费在我国是从20世纪80年代才开始的,我国的汽车金融服务与国内汽车工业同步产生。1993年,"北方兵工汽车"第一次提出了汽车分期付款的概念。国内早期的分期付款采用两种方式:一种是由经销商自筹资金,以经销商为贷方向消费者提供分期付款服务;另一种是由厂家提供车辆,经销商向厂家还贷。这在一定程度上缓解了人们购车一次性支付所带来的经济压力。但由于这种信贷方式要求经销商具备较强大的资本实力、资本运营能力以及风险承受能力,因而市场上总体的信贷规模有限。

为培育和支持汽车消费市场的发展,1998年10月,中国人民银行制定了《汽车消费贷款管理办法》,允许国有独资商业银行对法人和自然人发放汽车消费贷款。用户用取得的贷款向经销商购车,然后按分期付款的方式归还贷款。银行的介入极大地改变了过去由汽车生产商或经销商在汽车信贷市场上唱独角戏的局面,社会信贷资金规模迅速扩大,在很大程度上促进了汽车消费信贷业务的持续发展。但由于许多具体的政策壁垒和银行经营方向的限制,使银行都还没有将汽车信贷作为自己的利润增长点。因此,信贷规模长期处于低水平的状态。同年,中国人民银行颁布了《企业集团财务公司管理办法》,它规定企业集团财务公司可以为支持集团产品的销售提供融资。

2002年10月8日,中国人民银行对外发布了《汽车金融公司管理办法》(征求意见稿),2003年10月3日,中国人民银监会颁布实施《汽车金融公司管理办法》和《汽车金融公司管理办法实施细则》,这意味着我国汽车金融业真正开始进入实质性的操作阶段。2004年8月10日,上海通用汽车金融有限责任公司获得中国银监会颁发的金融机构许可证,标志着我国真正意义上的汽车金融服务主体诞生。之后,银监会陆续批准了9家汽车金融公司。2008年1月30日,中国银监会颁布实施新的《汽车金融公司管理办法》(以下简称《办法》),新《办法》对我国汽车金融公司的准入条件、业务范围和风险管理等做出了较大的修改和调整,为汽车金融公司在有效控制风险的前提下实现又好又快发展提供了重要的法律保障。

近10年来我国汽车金融得到了快速的发展,从2004年上汽通用汽车金融有限责任公司成立以来,截至2014年,目前我国已经注册的汽车金融公司已达14家,具体情况见表1。

中国汽车金融公司一览表 表1

序号	公司名称	成立时间	性质	备注
1	上汽通用汽车金融有限责任公司	2004.8	中外合资	通用汽车金融服务公司(现更名为联合汽车金融公司)40%,上海汽车集团财务有限责任公司40%,上海通用汽车有限公司20%
2	大众汽车金融	2004.9	外商独资	德国大众汽车金融服务股份有限公司持有100%股权
3	丰田金融	2005.1	外商独资	丰田金融服务株式会社持有100%股权
4	福特汽车金融(中国)有限公司	2005.7	外商独资	美国福特汽车信贷有限责任公司持有100%股权
5	梅赛德斯-奔驰汽车金融有限公司	2005.11	外商独资	戴姆勒金融服务集团持有100%股权
6	东风标致雪铁龙汽车金融有限公司	2006.6	中外合资	中国银行控股50%,神龙汽车有限公司和法国标致雪铁龙集团融资银行下属荷兰财务公司分别占25%股份
7	沃尔沃汽车金融(中国)有限公司	2006.7	外商独资	沃尔沃金融服务公司拥有100%股权
8	东风日产汽车金融有限公司	2007.10	中外合资	日产自动车株式会社占股37.9%,东风汽车集团股份有限公司占股35%,日产(中国)投资有限公司占股27.1%
9	菲亚特汽车金融有限责任公司	2007.12	外商独资	意大利FIDIS有限公司持有100%股权
10	奇瑞徽银汽车金融有限公司	2009.4	国内合资	奇瑞汽车股份有限公司占股80%,徽商银行股份有限公司占股20%
11	广汽汇理汽车金融有限公司	2010.7	中外合资	广州汽车集团股份有限公司和法国东方汇理个人金融股份有限公司分别占股50%

续上表

序号	公司名称	成立时间	性质	备注
12	宝马汽车金融(中国)有限公司	2010.11	中外合资	宝马集团占股58%,华晨宝马汽车有限公司占股42%
13	一汽汽车金融有限公司	2012.1	国内合资	吉林银行占股34%,一汽财务有限公司占股66%
14	北京现代汽车金融公司	2012.9	中外合资	韩国现代金融株式会社46%,北京汽车投资有限公司40%,韩国现代自动车株式会社14%

资料来源:作者根据汽车报网资料编辑。

我国消费者通过汽车金融解决购车款的意识也得到了大大增强,我们从下图的购车贷款比率的变化就可以看出这一点。汽车贷款比率我们又称汽车融资率,在2005年我国汽车融资率只有1.5%,而在2013年上升到了17%。在八九年的时间段里,汽车融资率提高了将近3倍。从增长速度上来看,还是极为可观的。当然,横向比较来看,我国的汽车融资率还极其偏低。美国汽车融资率是80%,印度这个国家比较特殊,尽管比我们落后,但是融资率将近70%,巴西融资率将近50%,俄国30%左右,而中国的汽车融资率只有17%,仅比越南8%的融资率稍高一点。这说明中国汽车金融发展的潜力还是巨大的(图1)。

图1 中国汽车金融-销量中贷款的比率

资料来源:2014年6月5日重庆论坛杨勇《未来十年中国汽车贷款总量将会成倍增长》

四、汽车金融怎样支持经销商和消费者

在汽车产业链条中,不管是制造商、经销商,还是消费者,都是离不开金融链条

的支撑的。

汽车制造是一个资金消耗型产业,不管是制造汽车必需的各种钢材、橡胶等各种原材料和零部件,都需要大量的资金;组装车间的厂房、设备和其他器械需要资金;运输、仓储需要资金;每天付给产业工人的薪酬也是离不开资金的,制造商需要的资金可以通过证券市场的股票、债券的发行来获得,也可以通过货币市场的短期资金融通来获得。

我们现在所讲的汽车金融主要还是在对汽车经销商和消费者的支持中获得发展壮大的,所以在这里重点要介绍的是汽车金融对经销商和消费者的支持。

1.汽车金融对经销商的支持

目前国内汽车厂家对经销商的支持,主要有以下几种模式:

(1)汽车金融公司向经销商提供融资贷款支持,如大众(中国)、上海通用、沃尔沃等汽车品牌均在中国开展业务。汽车金融附属于各汽车厂家,一般情况下,均向自身体系的经销商提供支持,如大众(中国)主要向一汽大众、上海大众旗下的品牌经销商提供融资贷款支持,汽车金融公司将根据经销商的资质,确定将给予的贷款力度。

(2)由厂家牵线提供信用担保,寻求第三方银行合作,帮助经销商拓展融资渠道。由厂家提供信用担保,经销商和厂家共同与第三方银行洽谈,效率更高,优势更大,覆盖的银行也更多。通过银行信贷支持,对于汽车厂家而言,有利于扩大产品销售和市场开发,提高市场占有率,有效促进产品的持续销售,培养经销商的四位一体建设,提升产品市场形象,形成良性循环;对经销商而言,获得优质企业的担保,可大大提高其在银行获得融资的能力,在银行建立信用记录,有利于企业长期获得银行支持。另外,经销商还可缴存一定比例的保证金后开立银行承兑汇票,以少量资金实现销售周转,减轻了资金周转压力,以银行承兑汇票方式支付车款,减少了企业财务成本,增加了资金收益。

(3)为了鼓励经销商采购车辆,汽车厂家向经销商提供财务支持。目前汽车厂家和经销商的资金往来,主要采用两种方式:汇票和现金。汇票存在向银行贴现的情况,从而产生经销商和厂家谁来支付贴现息的问题。一般来讲,厂家为了鼓励经销商除了现金采购外,还利用汇票提高采购量,会承担部分贴息,这对于经销商来说，相当于享受了免息或者减息的汇票。

2.汽车金融对消费者的支持

从国外发达汽车金融市场来看，汽车金融对消费者的支持主要有以下模式：

（1）分期付款销售模式。分期付款模式是各国普遍采用的一种传统的融资模式。分期付款，即消费者在购买商品或享受服务时，一次性支付资金有困难，可以采取首付款后，其余价款分期付款的方式，提前享受商品或服务。在分期付款的具体操作中，汽车零售商一般和消费者签订汽车分期付款合同，汽车分期付款合同是指汽车零售商和消费者之间签订的零售商保留所售汽车的所有权，以作为买方担保的一种买卖合同。根据该合同，消费者须在一定期限内向零售商偿付所融资的金额以及融资费用。

（2）融资租赁方式。汽车融资租赁模式，是一种买卖与租赁相结合的模式，也属于用金融服务的方式购买，即消费者在首付款后，在租赁期内不需要支付全部车款，而是把车款付到所购车辆租赁期满后的残余价值为止，这等于只付了租赁期的折旧款，之后消费者可以选择支付余款购买汽车主权，也可以选择将车归还汽车金融公司，汽车金融公司或继续按这种原则对外租赁，或投入二手市场出售，因此开展这种汽车金融服务，对汽车消费的推动作用相当大。

（3）再融资方式。再融资方式是指合同持有人通过受让汽车分期付款零售合同的合同债权，与作为债务人的消费者重新安排分期付款协议的内容，从而实现对消费者提供融资。但是，如果汽车零售商为担保其债务而在其余消费者之间签订的合同债权上设置，并将有关合同转由第三人占有，该第三人也不属于债权的受让人，此种行为不属于再融资。目前可以从事再融资的机构既包括商业银行、投资银行、信托公司、信贷联盟，也包括出让或者受让汽车分期付款零售合同的汽车零售商。

（4）信托租赁方式。信托租赁是信托公司采取的一种特有的融资方式，就汽车金融服务而言，信托公司为实现其财产信托职能，可以通过适当的合同安排，为汽车制造商、汽车经销商以及最终消费者提供融资服务。以汽车零售为例，汽车零售商可与信托公司签订信托合同，将汽车零售商的库存汽车的所有权转让给信托公司，同时领取受益权证书，零售商以受益权证书为担保，从银行获得融资，或者将其转让给第三人以收回货款，而信托公司接受委托后，再与消费者签订相应的合

同,如分期付款零售合同或融资租赁合同等。

国内汽车金融服务起步较晚,目前提供的产品还比较单一。目前,我国汽车市场的金融服务主要是分期付款的汽车消费信贷,如果你想购买一部汽车,又无法支付全款的话,你可以在以下几种方式中选择:

(1)银行为用户提供汽车消费贷款的直客模式。

这种模式的程序是:你首先到银行设立的汽车消费贷款机构申请贷款,银行会对你进行信用调查和评估后,签订借款合同、担保合同,给予你一个车贷的额度。你拿这个额度就可以到汽车市场上选购自己最满意的汽车了。在这一模式中,银行是中心,银行委托律师行对客户进行资信调查、评价,并要求用户到指定的保险公司办理保险。与此相对应,相关的风险也由银行和保险公司来承担。

(2)以经销商为主体的间客模式。

在这种模式下,由经销商直接面对客户,与用户签订贷款协议,经销商通过收取车价的2%~4%的手续费,完成对用户的信用调查与评价,办理有关保险与登记手续,并以经销商自身资产为用户承担保险责任,为用户办理贷款手续、代银行向用户收取还款。与此相应,信贷风险也主要由经销商和保险公司承担。该模式的最大特点是方便客户。由于经销商对市场了解,所以他们能够根据市场变化推出更合适的金融服务,从而起到培育市场,锁定客户的作用。但是经销商的资金来源和自身资产规模有限,资金成本高,而且信贷业务并非是其主业,所以该模式适用范围有限。

(3)以汽车金融为主体的业务模式。

这种模式与银行的直接模式运作基本相同,但是放贷主体通常是汽车集团下属的财务公司,业务范围基本只针对本集团内的产品,经营风险由汽车财务公司和保险公司承担。以汽车金融公司为主体的汽车消费信贷模式是当今世界上通行的运作模式。汽车金融公司有效地链接汽车生产企业、经销企业和银行,并以金融为主业,可以将银行和企业的优势结合起来。但由于受国家政策、资金来源、资金成本的限制,目前这种模式在国内还处起步阶段。

五、GMAC:助推通用汽车茁壮成长的老情人

从世界汽车产业的发展来看,汽车金融的助推是功不可没的。目前全球每年新旧车销售收入约1.3万亿美元,其中30%(3850亿美元)是现金销售,约70%(9150亿美元)有融资性安排。由此可见,汽车金融是一个规模非常大的产业,而且这个产业比较成熟,年增长率在2%~3%左右。

我们从美国通用汽车公司坎坷的发展经历就可以看出,汽车金融早已是汽车业的老情人了。

通用汽车公司的前身是1907年由戴维·别克创办的别克汽车公司,1908年美国最大的马车制造商威廉姆·C·杜兰特买下了别克汽车公司并成为该公司的总经理,同时推出C型车。为了推销这种汽车,杜兰特迅速建立了一个经销网并吸引了大笔订单,这笔订单远远超出了公司的生产能力。到1908年,别克汽车公司已经成为全美主要汽车生产商,杜兰特很想结束当时汽车工业数百家公司并存的局面,因而大力支持本杰明·克里斯科有关将别克、福特、马克斯韦尔—布里斯科、奥兹等几家主要汽车公司合并的建议,但协商因福特公司要价达800万美元之巨而以失败告终。同年,杜兰特以别克汽车公司和奥兹汽车公司为基础成立了一家汽车控股公司——通用汽车公司(GM),1909年又合并了另外两家小汽车公司奥克兰汽车公司(现在的庞蒂克分部)和卡迪拉克汽车公司。一百年以来,通用汽车及其产品已触及全球数百万人的生活。

通用汽车公司的发展壮大是与汽车金融业的发展分不开的。20世纪初,汽车金融服务业开始出现。当时汽车还属于奢侈品,因而银行不愿意向汽车消费者发放贷款,这给汽车购买者和销售商造成了障碍,致使大多数消费者买不起汽车,进而使汽车制造商缺乏足够的发展资金。通用汽车公司早在1919年,就成立了全球第一家汽车金融服务公司——通用汽车金融服务公司(GMAC),首开世界汽车消费信贷的先河,通过通用汽车金融服务公司来为通用的轿车和卡车销售服务。GMAC的出现,有力地推动了通用车公司的发展。1923年,被称为"现代公司之父"的斯隆走马上任,正式出任通用汽车公司总裁,斯隆对通用汽车公司管理体制进行了改革,提高公司各个运营单位的沟通、协调和工作效率。斯隆在1924年的股东年度报告中阐述了他那著名的"不同的钱包、不同的目标、不同的车型"的市场细分战略。斯隆根据价格范围对美国汽车市场进行了细分。每个通用汽车品牌的产品都针对一个细分市

场:雪佛兰针对低端市场,凯迪拉克则瞄准高端市场。由于竞争对手福特汽车公司坚持在单一市场中提供单一车型(低端的T型车),通用汽车很快超过福特成为美国市场上的销售冠军。在低端市场,通用公司的雪佛兰品牌的大力推广就得力于GMAC的个人汽车消费信贷。

通用汽车金融服务公司的示范作用,引来众多汽车公司的模仿,在20世纪初,美国各大汽车公司都纷纷建立了自己的汽车金融服务公司。汽车金融公司的出现,不仅刺激了个人汽车消费,也促进了整个汽车产业的发展。目前,美国汽车金融公司的车贷经营业务,已经成为超过汽车制造的集团主要利润来源;而通过信贷和租赁服务来购车,也是美国人最普遍使用购车的主要方式,比例高达80%~90%,占世界首位。

通用汽车公司的"老情人"GMAC通用汽车的全资子公司,目的是协助通用汽车经销商们筹措库存汽车所需的资金,并使客户得以在购买新车时,不必首期付清贷款。在通用汽车全盛时期,美国43%的新车销售和经销商72%的库存,都是由通用汽车金融公司提供融资。通用汽车金融公司利润一度占到通用汽车利润总额50%以上。

GMAC的核心业务是购车贷款,这一业务侧重于为通过通用汽车特许经销商出售的汽车提供服务。公司向通用汽车经销商们提供他们所需的资金,用以维持一定的汽车库存,并且提供给零售客户多种多样的方式,方便客户购买或租赁各类新、旧汽车。自成立以来,GMAC已向全世界超过1.5亿辆汽车,发放了超过1万多亿美元的融资贷款。2000年,GMAC首次登陆中国,和上汽成了合资公司。

GMAC的资金主要来源包括:商业票据发行、公司债、购车储蓄、以应收账款质押向银行借款、向商业银行等机构投资者出售应收账款、应收账款证券化等。它主要的放贷方式如下:

(1)传统分期付款:这种方式适合于那些预计需驾驶几年以上,每年驾驶里程超过1.5万英里,而且喜欢拥有一辆属于自己并且可以任意装饰的汽车的客户。具体方法是,在客户与经销商之间签订一个分期付款协议,客户承诺在一段时期内分期偿还贷款以及支付贷款费用。

(2)Smartbuy:这种方式可使用户经常拥有自己的一辆新车,又能降低月付款,客户每月偿还少量的车款,在合同期的最后有几种选择,一是购买该车、一次付清所欠款,或重新贷款买下这辆车;二是交纳250美元后把车辆交还(超过一年的里程规定还要另外交纳费用);三是客户自己出售车辆,还清未付贷款,如卖车有利润归客户所有等。在纽约,能拥有这种付款方式的车,其价格不低于1万美元。这种方式月付款降低的原因是客户每月只需支付汽车的一部分费用和贷款费用,此外,客户还可以利用GM卡中的返还款或以旧换新的方式,用自己的旧车支付部分车款,这种方式的合同期及合同内容灵活,客户可以有多种选择。

(3) Smartlease:这种方式适用于不愿购买一辆车,但在一定时期内需要租用车的客户。Smartlease共有4种方案,客户可以根据使用情况的预期,选取不同的年里程数、交纳不同的租赁费,租赁费包括一部分车款、税金和其他费用等。GMAC提供每年1.2万英里和1.5万英里两个等级供客户选择,客户也可以选择缩短或延长,在租期开始前延长比租用后再延长里程数省钱,客户负责维修。当租赁期满时,客户有3种选择:一是归还车辆,重新租赁一辆;二是买下已租的车辆;三是归还车辆,结清费用。租赁来的车辆可以商用,也可以自用。这种方式的优点是:付租金比付车款便宜、可以经常换新车开、免去将来淘汰旧车的麻烦、使用方便等。

此外,从贷款对象来说,汽车金融公司提供的车贷融资业务按贷款的对象可分为批发性商业融资和零售性商业融资。

批发性融资主要是向汽车经销商提供存货融资,其业务模式为:首先,汽车金融公司根据经销商的信用等级及销售状况决定的库存额度签订贷款合同,合同完成之后,在州政府进行融资抵押登记,然后,经销商提交购车单,由制造商将汽车卖给经销商。经销商与汽车金融公司签订贷款协定,并由汽车金融公司提供贷款。在汽车金融公司支付车款后,汽车经销商向保险公司购买车辆财产保险,经销商即可把汽车出售给用户,最后由经销商按照合同向汽车金融公司付本还息。GMAC在这方面向经销商提供的服务有融资、批量租赁,以及客户特殊培训服务和客户金融咨询计划等。

零售性商业融资是商业用户向经销商分期付款购买汽车,经销商将合同卖给汽车金融公司(如同贴现),汽车金融公司将合同款付给经销商,最后由客户向汽车金融公司归还贷款。零售性消费贷款占整个汽车融资的四分之三以上,利润也

远大于批发性贷款。通用汽车公司为了对推销汽车的经销商提供融资,专门成立了一家通用汽车承兑公司。针对个人汽车贷款,汽车金融公司的操作一般要先后经历四个流程:确认潜在客户、进行新客户审批、对已有客户进行管理以及针对产生的坏账进行催收。

与传统的银行汽车贷款业务相比,汽车金融公司的汽车贷款有许多优势,最主要就是它的"专业化"。汽车金融公司作为附属于汽车制造企业的专业化服务公司,可以通过汽车制造商和经销商的市场营销网络,与客户进行接触和沟通,提供量体裁衣式的专业化服务。汽车产品非常复杂,售前、售中、售后都需要专业的服务,如产品咨询、签订购车合同、办理登记手续、零部件供应、维修保养、保修、索赔、新车抵押等,汽车金融公司可以克服银行等由于不熟悉这些业务而带来的种种缺陷。

可见,金融服务公司的业务已经渗透到汽车销售的每个环节。不仅如此,汽车金融公司的业务早已不仅仅限于提供车贷服务,现在的汽车金融公司业务广泛,其他主要业务还包括保险、抵押融资和公司对公司的借贷等。时至今日,在美国经济不景气的情况下,福特公司的汽车金融公司的收入要占到整个公司收入的40%。在老通用汽车在金融危机前几年江河日下的时候,通用汽车金融公司利润一度占通用汽车利润总额50%以上。

六、金融与汽车行业的双人舞

1.汽车产业的发展需要得到金融业的支持

(1)汽车生产、销售融通资金需要金融业的支持

由于现代汽车生产是规模化和大批量的流水线生产,故产能的增加是跳跃性的,而社会满足这种产能的消费需求却是渐次提升的,在市场上形成了生产有余,卖者有货,买者无钱的局面。通过金融手段可以调剂社会消费资金,使其在"时间上继起,数量上达到平衡,供给上充分"。

汽车经销商可以用与汽车有关的各项汇票、本票申请票据融资,获得低成本的流动资金,还可以申请抵押贷款获得资金支持。

汽车消费者可以更快、更优惠地获得购贷款。通过金融服务消费者虽然增加了汽车消费支出,但同时大大减少了一次性支出的现金流量,因此不致因汽车消费

而失去资产的其他增值机会,使汽车消费的机会成本大大下降。通用汽车就是为了推动其汽车销售,克服当时银行不愿意向还属于奢侈品的汽车发放消费贷款的障碍,成立了通用汽车票据承兑公司。而福特为了给其流水线大规模生产的汽车寻找销路,稍后也成立了福特信贷公司。

(2)金融服务可以为汽车产业带来新的利润增长点

对汽车制造商而言,由于增加了汽车销售而增加了盈利;对经销商而言,可以从三个方面增加盈利:①汽车销售量增加带来的利润;②库存资金占用减少、资金周转加快而增加的盈利;③从金融机构获得的佣金收入。通过开展汽车融资销售,汽车产品从生产环节转移到流通环节后,生产企业即可收回货款,不用考虑应收账款和呆账风险,可在新产品的研发上投入更多的精力和财力,进而提高整个汽车产业的技术水平和产品开发能力。在汽车产业进入微利时代后,与汽车有关的金融服务不单纯是促进汽车销售,它本身就是重要的盈利手段,汽车金融服务已经是汽车产业链条上的重要一环。

(3)金融服务有利于汽车产业的整合

资金是重要的生产要素,在趋利性作用下资金的流动具有自发增加的倾向。这样,在整个汽车产业中,由于资金是最活跃、最有渗透力的要素,在金融市场的作用下,汽车产业能按市场规律配置资源,优化企业可在资本的支持下完成对行业的整合,如20世纪的美国在资本的作用下汽车产业由200家整合到主要的3家(福特、通用、克莱斯勒)。

2.金融业的发展需要进入汽车产业的空间

汽车金融是金融业的重要组成部分,开拓汽车金融对金融繁荣与发展具有举足轻重的作用。纵观国内外汽车产业与金融业的发展历史,大体上存在这样的趋势:什么时期一个国家或地区的汽车产业兴旺发达,这一时期的金融业必然兴旺发达,反之亦然。金融业与汽车产业是相互影响,相互促进的,汽车产业的发展对金融业的影响主要表现在:

(1)金融业的发展需要在汽车产业安排资产业务

金融业的稳步发展,需要实行多元化资产战略,体现金融业经营管理上的资产分散化原则的要求。金融机构提供汽车消费贷款,一是有利于以贷引存,优化存款

增长;二是有利于增强银行服务功能,扩大社会影响,提高知名度和竞争力;三是有利于调整信贷结构,分散和控制贷款风险,四是有利于促进中间业务的发展,增加银行收入,五是有利于扩大消费需求,引导消费行为,促进消费结构合理化。

(2) 为汽车产业提供的金融服务丰富了金融产品

为汽车产业提供金融服务已是欧美等发达国家的第二大个人金融服务项目,是一个规模大、发展成熟的产业,有着多样化的汽车金融产品。如价格浮动式金融产品、投资理财式金融产品、以旧换新式汽车金融产品、公务用车式金融产品等。

(3) 金融结算工具在汽车产业的流通和消费领域得到进一步应用和推广

随着汽车产业的蓬勃发展,金融业介入汽车产业领域的范围逐渐扩大,居民个人通过办理抵押贷款来购买汽车得到进一步推广。为了方便款项结算,个人采用支票和银行本票办理结算以成为可能,为支票和银行本票的扩大应用提供了外部条件。另外,有的银行还利用信用卡办理汽车消费贷款手续,建立分期付款、分期还款的自动转账支付系统,也为信用卡的业务内容推广起到了积极作用,为银行拓展了结算服务领域。

关键词:

(1) 汽车金融
(2) 汽车消费信贷直客模式
(3) 汽车消费信贷间客模式

思考与讨论:

(1) 汽车产业与金融的关系?
(2) 汽车金融市场的融资方式有哪些?

参考文献:

[1] 强添纲,孙凤英. 汽车金融[M]. 北京:人民交通出版社,2009.

[2] 苏斌,周建珊,肖钢. 汽车金融[M]. 广州:华南理工大学出版社,2007.

[3] 何忧予. 汽车金融服务[M]. 北京:机械工业出版社,2006.

非"钱"勿"跑"——高速公路的收费

No Money, No Use—Highway's High Tolls

谢欣吟绘图(重庆一中高 2015 级 27 班)

高速公路,想说爱你不容易。

毛超艳

> 潜龙腾飞，
>
> 未曾想，
>
> 地下冒出收费站，
>
> 星罗棋布、最贵纪录，
>
> 硬把美景两头断。
>
> 今日春雷起，
>
> 剑劈收费站，
>
> 惊醒潜龙耀九天，
>
> 我等尽情来游玩。

非"钱"勿"跑"：2011年7月1日，被称为近年来最严格限制超载的条例《公路安全保护条例》正式实施，眉山东坡区物流业受到短暂冲击，停车场一时"车满为患"，据业内人士估计，近8成货车车主停止出车，全在看情况。所谓的"看情况"，指的是治超新政实施后，货车车主们把握不准，纷纷观望运费涨幅以及具体的治超措施。此前中长途货车都要超载才有利润，三桥货车最多能载货35t左右，四桥货车能载货50t。现在治超新政实施，严治超载，所以很多人暂时不出车，看有关部门的具体执行措施，同时也在等待运费的上调。在各地方历次治超都出现"治超就摆车停运"的现象。

荒唐收费：2010年10月17日，河南省平顶山市人民检察院指控河南农民时建锋，在2008年5月4日至2009年1月1日期间非法购买伪造的武警部队士兵证、驾驶证、行驶证等证件，及两副假军用车牌照，悬挂到自己购买的两辆自卸货车上，雇佣他人驾驶车辆，通行郑石高速公路运送沙石，累计骗免通行费368万多元，引起社会热议。在最终判决中，按核准装载量计算骗免高速公路通行费计人民币117660.63元，法庭宣判时建锋犯诈骗罪，判处有期徒刑两年6个月，并处罚金人民币1万元。

一、高速公路　高速发展

高速公路作为基础产业，给人们的衣、食、住、行带来巨大的影响和改变，基本

反映一个国家和地区的交通发达程度和经济发展的整体水平。1988年我国第一条高速公路——沪嘉高速公路建成通车,全程20.5km;2004年通过《国家高速公路网规划》,规划到2010年,高速公路总规模85000km,形成"7918"高速公路网,即由7条首都放射线、9条南北纵线和18条东西横线组成;到2012年底全国高速公路通车里程达到97355km,根据交通运输"十二五"规划,到2015年全国高速公路通车里程将达到108000km。

国家高速公路网覆盖10多亿人口,其直接服务范围,东部地区超过90%、中部地区达83%、西部地区近70%,覆盖地区的GDP将占到全国总量的85%以上;实现东部地区平均30分钟上高速,中部地区平均1小时上高速,西部地区平均2小时上高速。

二、留下买路财:高速公路收费之争

目前除大都市的绕城公路外,高速公路均实行通行收费制度。与高速公路收费相关的法规有:

——1987年国务院发布《中华人民共和国公路管理条例》指出"公路主管部门对利用集资、贷款修建的高速公路、一级公路、二级公路和大型的公路桥梁、隧道、轮渡码头,可以向过往车辆收取通行费,用于偿还集资和贷款"。

——1988年交通部会同财务部、国家物价局联合发布《贷款修建高等级公路和大型公路桥梁、隧道收取车辆通行费规定》(交通部〔88〕交公路字28号文),收费制度促进了公路建设事业的快速发展。

——2009年1月1日《成品油价税费改革方案》实施。燃油税是指政府对燃油在零售环节征收的专项性质的税收,燃油税替代现行养路费等六项收费支出,补助各地逐步取消还贷二级公路收费。

高速公路通行收费制度对高速公路建设发挥了重大作用,随着国家经济的发展、财政逐步充裕,以及燃油税征收之后,大家开始反思:高速公路收费制度与当前经济发展趋势还是否适应,高速公路收费定价是不是高了?高速公路通行是否可以免费?高速公路什么情况下减免收费?高速公路的服务水平如何提高?高速公路如何监管?等等。

非"钱"勿"跑"——高速公路的收费

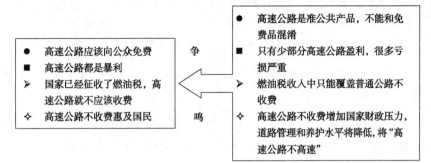

1.高速公路收费成为"物流顽症"

据初步测算,我国物流成本占GDP的比重为18%,比发达国家普遍高出将近10%;在货物总价值中,物流成本占30%左右比例;在物流成本构成中,对长途物流企业而言,路桥费占到了运营成本的20~30%,对快递公司而言,路桥费占到50%左右。2011年5月央视报道了"聚焦物流顽症"大型调查系列专题,2011年11月交通运输部和29个省市自治区公布了"全国收费公路专项清理摸底调查"结果。通过对高速公路和其他公路收费现象的调查,收费公路成本高的原因表现在:各种收费太多、乱收费、多收费、高收费、不合理收费等现象十分普遍,公路收费被称为推高物价的"顽症"。对收费公路有关报道和相关比较数据如下,从某种角度反映了当前收费公路的一些问题。

(1)高速公路收费暴利,超石油房地产金融证券行业;2010年全国公路每年罚款高达4000亿元,占到2010年物流业增加值的15%。

(2)山西大同市的交管部门曾做过一次试验,用红岩牌16吨的载重汽车按照规定装载,从大同运往天津,一路上这辆车没有任何违规行为,但到达天津后这辆货车还是亏损了3200多元。所以在国内,超载和超限运输成为常态,导致道路破坏严重,高速公路实施货车计重收费后这一形势得到一定控制。

(3)澳大利亚、印尼等国的煤炭虽经长途跋涉运抵中国港口,但到岸价比起内蒙古、山西、陕西的煤运到东南沿海的高昂成本,仍然具有压倒性的竞争优势,可见国内运输、流通费用太高。

2.高速公路"免费开放"?

高速公路该收费还是该免费通行,可以从规范经济和实证经济两种角度进行分析。由于我们的研究暂不涉及价值判断，以下主要从实证角度分析。

> - 规范经济学是指那些依据一定的价值判断，提出某些分析和处理经济问题的标准，并以此树立起经济理论的前提，作为经济政策制定的依据。规范经济学要解决的是"应该是什么"。
> - 实证经济学是指描述、解释、预测经济行为的经济理论部分。实证经济学独立于任何特殊的伦理观念，不涉及价值判断，旨在回答"是什么"、"能不能做到"之类的实证问题。这种理论的解释力可以通过它所取得的预测与实际情况相对照的精确度、一致性等指标加以考察，如中国现阶段高速公路是收费还是免费，能使社会福利最大化。

（1）高速公路收费面面观

国际上高速公路通行费征收方式主要有两种：显性收费和隐形收费。显性收费，就是设立收费站；隐性收费，就是通过税收来实现。

美国：高速公路原则不收费

美国显性收费（通行费征收）和隐性收费（燃油税征收）都相对较低。美国有超过10万km的高速公路，只有8000km路段需要收费，美国高速公路收费水平不高，从2~20美元不等。如今由于高速公路的维护成本越来越高，州际高速公路越来越多采用收费方式运营。燃油税收入是美国公路资金最主要来源之一，占联邦和州两级政府公路总资金的61%。根据《联邦资助公路法案》，美国州际高速公路由联邦政府和州政府按照9∶1的比例出资建造。对已经建成的高速公路，其维护资金来源基本上是联邦政府的税收，州政府通过对一些年久失修的"老字辈"高速公路收费以及征收一系列汽车使用税扣费，以用于维护和保养。

德国：ETC系统收费

德国实行"全线不收费、速度无限制"，是欧洲少数几个对客车不收取高速公路通行费的国家之一，从1995年1月起只对12t以上的大型卡车实行收费，2005年1月起利用ETC自动收费系统，根据行驶里程对车辆收费，平均每公里15欧分。但德国的燃油税，税率高达260%，绝大部分的道路维修保养费用都是由政府从税收中支付。

日本：高速公路负债额大，收费到期无法免费

日本的收费高速公路主要由国家和地方通过投资和贷款来完成建设,大部分日本高速公路按里程收费,征收标准全国统一。日本以汽车和以燃油为征税对象的税种也较多,燃油税的税率为120%。

日本高速公路负债很大,给公路建设企业和当地政府造成沉重的经济负担,民众发现30年过后,免费没有变成现实,而收费却有提高趋势,有的道路提高了收费期限。

2009年9月7日,日本民主党政权关于高速公路免费化民意调查显示,日本国民中68.1%反对、26.1%支持;按照政治立场分,支持民主党的民众中也有56.7%反对。

中国：高速公路全面收费，节假日小客车免费通行

中国现在把公路分成不收费的普通公路和收费的高速公路,由政府和社会成员分别负担,兼顾各方利益。2009年实施燃油税政策,燃油税主要用于普通公路的修建和养护;高速公路大多是企业投资修建,享受不到燃油税,实行"收费还贷"制度。中国除了海南省,高速公路通行费完全包含在燃油税中。

从2012年7月开始在四个法定节假日连休日期间,免收7座以下(含7座)载客车辆收费公路(含收费桥梁和隧道)通行费。

英国：从不收费到收费

除了隧道和桥梁外,英国高速公路原则上不收费,但进入20世纪90年代后,对高速公路实行收费制度议论热烈。1993年开始全面对高速公路收费,2003年实行拥堵收费制度。到现在70%的高速公路收费。

意大利：实行特许经营方式

意大利一开始就实行特许经营方式,原则上对高速公路实行收费,既有民间高速公路公司管理的收费公路,也有政府公路相关部门管理的不收费公路。不收费的是经济发展落后的南部和城市地区的公路。

法国：半官半民公司收费

法国高速公路实行特许经营方式,基本上由半官半民性质的高速公路特许经营混合经济型公司负责收费。法国燃油税率为300%。

其他

加拿大、荷兰、比利时、丹麦等国的高速公路是免费的,但道路通行费加在民众税金中且税率较高。

(2)准公共产品 or 免费品?

根据公共经济学理论,社会产品分为公共产品和私人产品。公共产品就是每个消费者消费这种产品不会导致别人对该种产品的减少,显著特征是:效用的不可分割性、消费的非竞争性和收益的非排他性。属性介于公共产品和私人产品之间的称为准公共产品,准公共产品具有有限的非竞争性或有限的非排他性。公共产品一般带给人们的利益大于生产的成本,容易产生"搭便车"动机。收费高速公路具有排他性和有限的非竞争性,因而属于准公共产品范畴。

> ● "搭便车"现象:不付成本而坐享他人之利的投机行为,源于公共产品产生的正外部性。

一般公共产品由政府来提供,准公共产品既可由政府来提供,也可由私人来提供。经济学不会根据供给者的不同来区分物品是否为公共产品,也就是说"高速公路是准公共产品就应当免费向公众开放",公共产品与免费品不能混淆。

(3)燃油税政策是否应包含高速公路收费?

我国为兼顾各方利益,把公路分成收费高速公路和不收费公路。我国现行的"燃油税政策"中,燃油税加到油价里,只用于普通公路修建、养护费;而高速公路多是企业投资修建,不能享受燃油税款。

如果我国燃油税政策把高速公路也包括进去,实行高速公路免费通行,必然会增加燃油税,油价攀升,长远势必影响到经济的发展,尤其是汽车产业链、机械制造工业的发展。

如果高速公路免费通行,由国家财政负担高速公路的建设和运行,将导致国家财政3万亿的负债和后续每年几千亿的投入,庞大的负担势必会影响对医疗、教育,甚至国防等多方面的投入。

如果由私人企业提供高速公路这一准公共产品,当然可能会产生企业利润最大化与社会效益最大化之间的矛盾。一旦管制不严,高速公路企业将会尽可能提高收费标准,多设收费站点,降低服务水平等,使社会效益受到一定的损害。

(4)高速公路"节假日免费政策"

《重大节假日免收小型客车通行费实施方案》的实施是对高速公路通行免费的试水。初实行高速公路免费通行的特定节假日,引起了大量的讨论,实行近两年来,也有众多议论和现象值得思考。归纳支持和反对《重大节假日免收小型客车通行费实施方案》的观念,主要体现在以下方面:

> - 2012年7月24日,国家出台《重大节假日免收小型客车通行费实施方案》(国发〔2012〕37号),在春节、清明节、劳动节、国庆节等4个国家法定节假日,以及当年国务院办公厅文件确定的上述法定节假日连休日,免收7座以下(含7座)载客车辆收费公路(含收费桥梁和隧道)通行费。
> - 2013年2月18日人民日报报道,全国高速公路(海南、西藏除外)出口交通流量累计达12506.73万辆次,与去年同期相比增长84.4%。其中7座及以下小型客车总流量为11498.59万辆次,占92.1%,与去年同期相比增长98.6%,日均交通流量为1642.65万辆次,是去年国庆长假日均交通流量的69%。

支持方:

①让利于民、回应民意:"免"字切中大多数人要害,因为平时忍受了太多高速公路的"贵"与"乱","免"也是人们心中寄希望改革的突破口。

②高速公路免费通行扩大了高速公路的使用率,带动了消费,促进了经济的发展。

③自节假日高速免费政策推行之后,从不发卡抬杆放行,到合理设置专用免费通道,再到及时通报路况信息,免费政策的实施不断成熟,政府和公众也逐渐习以为常。

④针对免费通行的拥堵问题,部分人认为拥堵是全世界现阶段无法避免的,就算没有免费政策,交通恐怕也难一路畅行。

反对方:

①对经营者不利:政府慷他人之慨,侵犯了高速公路公司的产权,高速公路运营公司年收益普遍下降5%左右,损害了投资者和股东利益,对高速公路后期投资

产生政策不确定的无形影响。

②对旅客不利:违背高速公路高速通行的原则,免费引起交通拥堵,产生极大的负面效应,高速公路变停车场。通行效率低而多花的汽油钱和时间,远远超过了省下的过路费。

③从经济学角度,价格是调节稀缺资源的有效杠杆,价格越低,需求量越大,免费造成的短缺损害了消费者利益。

④鼓励小车出行,不符合"低碳绿色"宗旨。

⑤普通百姓不收益:高速公路的建设、管理、维护都是需要花钱的,高速公路收费是"受益者承担",免费后受益的不是全体国民,只是不开车的"穷人"补贴驾车的"富人",不公平。

(5)高速公路收费制度的经济效率

①高速公路收费制度演变

高速公路收费制度促进了高速公路建设的发展。改革开放以来,基础设施建设加快,公路建设投融资体制改革打破了以国家为主体的格局,转向多元化发展。融资渠道的多元化直接导致公路收费制度和高速公路经营组织的出现。

高速公路收费制度不可避免带来收费的种种问题。当高速公路经营组织变迁到高速公路公司形态后,尤其是更具有独立利益主体地位和意识的股份制公司后,这种利益体制不可避免地带来种种问题,如政企不分造成的收费公路"双轨制"、收费价格制度不合理、筹资方式不规范、转让和收费过程不合理等等。

高速公路收费制度与社会经济发展进程和发展阶段、国家财政和征税方式等紧密相关,从高速公路收费到免费通行需要一定的实施条件。随着经济发展到较高阶段,民众对公共产品的需求增大,政府的财政也逐步提高,在各种矛盾和外部因素(如政府管制、体制变革和人们观念和意识冲击等)的影响下,高速公路管理体制可能会发生重大变迁,引起重大变迁的一个外部因素将是政府财力的不断增长,高速公路由目前的准公共产品转化为完全的公共产品;另一个重要影响因素将是高速公路经营权到期,导致高速公路公司所拥有的一些权力将再度归政府行使。而在这期间,收费制度将根据情况在通行收费与燃油税间进行比例和范围调整。

②高速公路收费制度的经济效率

在政府没有足够的经济资源来供给高速公路建设和维护的情况下,高速公路收费制度的出现是有经济效率的。

高速公路通行成本包括通行费、通行时间、拥挤状态下焦虑的心情、消耗的燃料、车辆的损耗和交通事故风险等。通行成本是一种社会福利损失,政府作为社会成员利益的代表,在通行成本上升时有增加高速公路供给的动机,因此高速公路的供给随着通行成本的提高而增加。若免除通行费,会出现需求偏移,原因是当高速公路出现拥挤状态时,每个使用者都对其他使用者造成干扰(每个人的成本都溢出到其他人,这就是高速公路的拥挤成本),消费者仅计算自己直接支付的成本,而不计算溢出的成本。需求偏移造成供给与需求间的缺口。

由于没有足够的资源用来增加高速公路的供给,高速公路供给缺乏弹性。高速公路的供给曲线不仅陡峭,而且随着拥挤状况的持续,甚至可能由于道路技术状况的恶化而向后弯曲。这样,即使人们在拥挤的高速公路上通行付出高昂的成本,政府也无法建设更多的高速公路。供给缺口的存在,可能使实际通行成本偏高。

如果实行收费制度,在短期内,尽管高速公路建设周期长,供给不会有明显的增加,但是由于隐性的通行成本被显性的通行费所取代,"涨价"导致需求下降,需求偏移状态被矫正,它低于存在供给缺口时的通行成本。从长期来看,更多的经济资源被配置到高速公路供给中,供给弹性增加。新的高速公路诱发更多的交通需求,国民经济的发展也会产生新的运输需求,从而产生更大的消费者剩余和生产者剩余。

可见,当高速公路短缺时,收费制度不一定会导致社会福利的损失;而高速公路的严重短缺则可能导致社会福利的损失。我国在当前公路和经济发展阶段,"收费还贷"制度具有合理性。

三、"高速公路"还是"暴利公路":高速公路收费定价

近几年19家高速公路上市公司平均毛利率超过58%以上,2012年上半年A股上市路桥公司毛利率达到61.76%,成为人们称呼的"暴利神话"(表1)。人们不禁要问,高速公路究竟是如何定价的,该如何定价?

2012年高速公路上市公司中期业绩及毛利率一览表　　　　表1

证券代码	证券简称	净利润(万元)	业绩增减幅(%)	销售毛利率(%)
000429.SZ	粤高速A	15748.36	8.49	49.27
000548.SZ	湖南投资	2586.95	−19.31	70.00
000828.SZ	东莞控股	19393.48	−11.05	67.18
000886.SZ	海南高速	7404.11	−30.86	64.32
000900.SZ	现代投资	30757.70	−22.19	64.13
000916.SZ	华北高速	13670.11	−2.27	58.34
600012.SH	皖通高速	39581.12	−10.98	65.72
600020.SH	中原高速	15836.66	−13.68	59.61
600033.SH	福建高速	23823.93	−9.03	70.67
600035.SH	楚天高速	13519.21	−33.27	69.16
600106.SH	重庆路桥	10381.22	87.99	87.76
600269.SH	赣粤高速	63514.46	−2.35	59.21
600350.SH	山东高速	95583.61	49.91	66.94
600368.SH	五洲交通	18284.77	2.39	27.27
600377.SH	宁沪高速	126078.02	−2.98	51.50
600548.SH	深高速	41882.08	18.81	57.41
601107.SH	四川成渝	64693.45	13.99	51.78
601188.SH	龙江交通	6588.34	−0.37	60.33
601518.SH	吉林高速	15144.11	59.74	72.77

资料来源:经济参考网 http://jjckb.xinhuanet.com/2012-09/17/content_401888.htm

1.高速公路的垄断性

高速公路具有自然垄断、技术垄断和立法垄断三重特性。

高速公路自然垄断的基本经济技术特征表现为规模经济与范围经济性、网络性、关联经济效应、普遍服务性等。高速公路的规模与范围经济性体现在,平均成本和边际成本随产量增加而大幅度降低,在一定车流量范围内,在两地修建一条高速公路每天通行10000辆小汽车,比修两条公路每天通行5000辆小汽车更经济;高速公路网络性与关联经济效应体现在路网(不同路段的互相连通)有一个完整统一的网络才能提供社会化的服务,提供服务时存在一系列复杂工序,这些工序要求相互衔接,全程全网联合作业和统一兼容;高速公路的普遍服务性源于高速公路产品具有准公共产品的性质,即使在经济不发达地区或边远山区,也要保证提供服务的稳定性、质量可靠性和可信赖性。

高速公路的服务规模是按远景交通需求来设计的,它影响和服务的区域呈带状分布,形成规模生产能力,在较长时期,已建成的高速公路的通行能力和用地客观上具有排除或减弱竞争的作用。从高速公路的建设过程来看,涉及政府部门的规划,巨额的投资,自然环境的保护等综合因素,具有较高的技术壁垒,从而高速公路具有技术垄断性。

两地之间所建的高速公路成为稀缺的资源,加之公路设施具有较强的公共性,完全竞争的市场制度会导致线路的重复,造成社会资源的浪费,必须由政府颁布特权加以限制。故各国政府在公路服务领域普遍实施了严格的管制,在引入民间资本时普遍实行了政府特许经营制,即立法垄断,从而使高速公路具有排除竞争的功能。因此,高速公路又具有立法垄断性。

> ● 特许经营:政府授权准许特定企业使用公共财产,或在一定地区享有经营某种特许业务的权力

高速公路的这种垄断特性也决定了其资源的有限性,其公路通行费收费标准也不能完全反映供求双方的关系,而只能表现为高速公路若干年的收益。因此必须由政府在资源配置中发挥主导性作用。

2.高速公路的经济管制

由于高速公路的准公共产品属性和垄断属性,决定了政府管制的必然。

(1)政府管制

政府管制是政府的经济管理职能,分为经济性管制和社会性管制:

——经济性管制:主要为防止发生资源配置低效率和确保使用者的公平使用,政府利用法律权限,通过认可和许可等手段,对企业的进入和退出、价格、服务的数量和质量、投资、财务等加以管制,分为价格管制、进入和退出市场管制等,其中价格管制是最基本的管制内容。

——社会管制:指从环境保护和安全保证等目标出发,以维护消费者、职工等的健康和安全。

(2)高速公路经济管制

高速公路经济管制的目标有两个：

其一就经济效率而言，作为交通运输基础设施中的重要构成部分，收费公路应当有合理的价格形成机制，防止垄断造成的经济效率损失；

其二就社会公平性而言，收费公路应当体现出某种社会公益性，合理地分担成本，防止对社会福利的挤占。高速公路价格管制从资源有效配置和服务的公平供给出发，确定价格水平以限制垄断企业制定垄断高价，获得垄断利润而损害消费者的利益，或者消除价格歧视现象，使服务价格更加公平合理。

> ● 价格歧视是一种重要的垄断定价行为，是垄断企业通过差别价格来获取超额利润的一种定价策略。它通常是指商品或服务的提供者在向不同的接受者提供相同等级、相同质量的商品或服务时，在接受者之间实行不同的销售价格或收费标准。

我国当前对于高速公路价格管制实行的是审批制度；管理机构主要为交通主管部门和同级物价部门、财政部门；公路收费标准制定主体以政府为主。高速公路通行费标准主要采用投资回报率来确定，具体做法是根据经营年限、运营成本、物价指数、基准回报率和对交通量的预测来测算收费标准的。收费标准管制的另外一个内容，就是对收费方式的确定。

3.高速公路价格博弈

(1)高速公路收费标准

高速公路客车通行费按车型收费，货车通行费按计重收费(计重收费系统出现故障无法正常运行时，按车型收费)，全国各地因为经济水平和道路等级的差异，高速公路收费标准不统一，每个省份设一个标准，每条路根据高速公路建设投资、贷款额、车流量和经营成本等因素制定具体收费标准。

以7座以下车辆为例，调查全国各地高速公路的收费标准，山东、内蒙古、吉林、安徽、四川、广西等地高速公路的收费费率为0.4元/km，北京、重庆等地高速公路收费费率为0.5元/km，天津、福建等地高速公路收费费率为0.55元/km，上海高速公路收费费率为0.6元/km。货车基本费率从0.07至0.09元/吨km不等。

（2）高速公路费率定价方法

目前我国收费公路定价标准确定方法各不相同，主要有以下几种定价方法：

①还贷成本反推法。还贷成本反推法是政府还贷公路在收费时采取的定价方法。还贷模式下的高速公路收费主要目的是偿还贷款和集资款的本金与利息，因此这种定价以能够保证在规定期限内还清全部贷款本金和利息为原则。其基本思路是假定贷款一次性取得，或将分期贷款折算为现值，根据贷款总规模、贷款利率和其他贷款限制条件、公路管理和养护成本、还贷期限等因素，计算各年需要取得的收费收入，再根据交通流量预测、车型分类等因素计算出各车型的收费费率。

这种方法的缺点是：没有考虑用户的支付能力和支付意愿，计算出的价格偏离实际，一般情况下会使收费标准偏高，通行量大大低于预期量，容易引起社会公众的不满。

②成本加成定价法。成本加成定价法在我国应用最为广泛，它以成本为基础，加上按一定的利润率计算的预期利润、税金等因素定价。该方法简便易行，锁定了定价成本，能确保合理成本得到补偿。

这种方法的弊病是：第一，定价成本确定有难度，个别成本的差异性和建设、运营成本的不可控性，导致对成本上升实际上没有约束力，易于产生成本"倒逼"效应；第二，这种方法与还贷成本反推法一样，只侧重于成本补偿，没有考虑需求因素；第三，加成比例在很大程度上取决于有关方面的谈判能力，具有很大的主观性。

③需求定价法。需求定价法基于用户的需求，根据其使用收费公路所获得的效益并支付所获效益的一部分来确定收费费率。因为收费公路大多是在基础较差的老路上改建或在与老路基本平行的近距离内新建，用户在使用收费公路时，必然产生级差效益，行驶收费公路会获得时间节约、成本降低、安全舒适性提高等效益，这种效益是收费公路经营者提供的，用户不应无偿获得，应当将所得收益的一部分支付给收费公路经营者，以便其收回投资并取得合理回报。

需求定价法综合考虑了供求双方和同行业间的竞争等因素，比价关系较为合理，价格具有一定竞争力，是一种比较科学的定价方法。但是这种定价方法工作量大，要求的技术含量比较高，要做到数据的充分掌握和正确测定，特别是对用户支付意愿的判定带有一定的经验判断成分，需要做大量细致的工作才能完成。

④类比法。即参照可以类比的其他收费公路已经实行的费率标准定价的方法,在我国收费公路定价中使用得非常广泛。收费公路的特殊性决定了每条收费公路的建设成本和运营成本、使用效率等有很大不同,进行类比时一定要选择可比性强的收费公路,注意经济发展环境、交通量、投资结构和投资模式、公路等级和类别、可替代程度等多种因素,并要根据本条收费公路的具体情况进行参数修正。

⑤效率定价法。以追求效率为目的,从全社会的角度来确定公路服务的最优价格。经济学中的效率是指社会资源的分配达到所谓的帕累托最优状态,即不可能在不减少社会其他成员的福利水平的条件下,使某一社会成员的福利有所提高;全社会的角度是指公路企业的服务交通量要达到使社会边际成本和社会边际效益相等的水平,以使社会净效益最大,这一最优服务交通量对应的收费价格就是效率价格。

(3)高速公路价格博弈关系

高速公路通行费率的确定是高一些还是低一些,是多方博弈的结果。这一多方博弈是一个由多种交易关系构成的多边交易体系。

《中华人民共和国公路法》和《中华人民共和国收费公路管理条例》的有关规定是交易系统运行的基础。如图1中,企业与高速公路用户之间是市场型交易,企业与投资人之间是委托代理型交易,政府和高速公路用户之间是委托代理关系,政府和非政府投资人之间是委托代理关系。政府具有多重角色,作为管理者,它与企业间形成管理型交易;作为投资人,它与企业间形成委托代理型交易;作为利益代表,它与高速公路用户之间形成委托代理型交易。

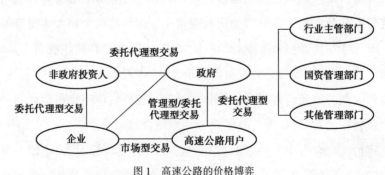

图1 高速公路的价格博弈

这个交易系统有这些特征:

①各参与者分别有自己的利益要求;

②存在着多种交易类型；

③某些参与者代表了多方利益。

非政府投资人强调企业的经济利益,高速公路用户要求低价格的甚至是免费的高速公路通行服务,政府中的行业主管部门对企业实施行业管理,其他政府部门以社会利益为基准对企业进行管制。交易参与人的策略与行为倾向分析见表2。

高速公路价格博弈分析表　　　　　　　　表2

交易参与人	策略目标	行为倾向	说明
政府交通管理部门	公共利益、建设资金	寻找利益均衡	政策短期内易偏向企业与投资者
政府其他监督部门	公共利益、建设资金	加强监督	信息不对称,监督效果有限
高速公路公司	经济责任	信息选择	经济责任和融资需要是硬约束
非政府投资人	投资收益	信息选择	利用资源约束向企业和政府施加影响
用户	低通行费	呼吁与投诉	在博弈中难以形成较强影响力

从博弈结果可以看出,短期内政府交通主管部门政策偏向高速公路企业与投资者;政府监督部门信息不对称,监督效果有限;非政府投资人利用资源约束向企业和政府施加影响;用户在博弈中难以形成较强影响力。

4.回归高速:高速公路收费改革

高速公路收费制度的核心在于高速公路建设资金量特别大,因而必须引进民间和国外资本的进入,这就意味着高速公路收费制度的产生,以及需要处理运营中公共利益与企业利益最大化之间矛盾的平衡工作。但政府平衡矛盾时受到地方政府追求GDP等深层次体制机制的影响,以及随着政府主管部门的深度介入,使得自然垄断行业同时形成了行政性垄断和实力强大的既得利益集团。"收费还贷"演变成与民争利的工具,高速公路成"物流顽疾"、"暴利神话"等,高速公路收费改革的呼声四起。

(1)监管的"漏网之鱼"

高速公路收费标准的实施是与它的服务相对应的,但在高速公路的运营过程中缺乏监管,不管是否为高速、高速公路上设施完善与否、服务到位与否,都一律以同样的收费标准来执行,甚至存在一些公益缺失和"高速公路霸王条款"等,引起

大家的广泛关注和议论。从近年关于高速公路的一些典型案件可见一斑。

①状告"高速公路不高速"案例

胜诉案例:2009年11月,李建军从邢台到石家庄走了15个小时,遭遇严重堵车,中间拨打交通信息热线电话均无人接听,被堵人都不知情,却仍被收通行费。根据《消费者权益保护法》,高速公路公司侵犯了他的知情权和通行方式的选择权。胜诉,退还高速公路通行费20元。

败诉案例:2010年12月连霍高速潼关至临潼段施工,车辆被迫以30km/h的速度前行。吴女士认为高速公路仍然收取通行费的行为违反等价有偿原则,将陕西省交通厅诉上法庭。结果败诉。2010年9月东莞肖建华在广深高速上遭遇拥堵,29.6km走了近两个小时。肖建华通过代理律师要求广深高速承担堵车责任,并退还20元路桥费。结果败诉。

②"高速公路霸王条款"案例

2012年3月,高先生凌晨5点从南宁坛洛收费站上高速公路,11点从田东收费站出去,收费员收他55元过路费外,另交115元超时费。原因是黄先生在服务区休息了一段时间。如果他有服务区停车消费或住宿证明,可以退还超时费。超时费主要是为惩罚偷逃高速通行费,司机暗地里换卡的情况。大多数省份高速公路收费都由此规定。很多大货车司机也遇到类似情况,如车坏了修理或途中车上休息等被收费。高速公路本来有摄像资料,但很多消费者去查的时候,会被告知销毁等等。"超时费"属于严重的霸王条款。

2012年张某在平正高速新蔡砖店收费站下高速时,找不到在驻马店上高速时领取的通行卡。在实际里程通行费用35元的情况下,按照"有罪推定",缴了315元才出站。张某将平正高速公路公司告上了法庭。结果胜诉。平正高速公路公司返还原告张某280元(30元通行卡费、250元多收的通行费),并支付张某由此而产生的77元差旅费。

2011年5月,广州律师黄鼎足在广清高速开了不到3公里,就要交8元过路费,其中5元是连接线的通行费,但黄先生并未在连接线上通行,遂状告广东高速有限公司捆绑收费霸王条款,要求返还5元通行费。结果胜诉。同时这一捆绑收费被当地撤销。

③"要钱更要命,公益缺失"案例

2012年7月21日,北京遭遇61年来最强暴雨。在救援的紧急时刻,京港澳高速、机场高速等收费站仍继续拦车发卡或收费,引发外界广泛批评质疑。这两条高速公路的投资都早已收回,继续不合理收费就已经违背当初对市民的郑重承诺。在极端天气下,收费站仍然不愿免费放行,置市民的财产甚至生命安全于不顾,丢弃高速公路公益属性,是典型的"要钱更要命"之举。

④状告高速公路设施不全案例

2010年7月,律师赵绍华将广深高速管理方告上法庭,原因是赵绍华在高速路行驶途中无法加油导致车辆抛锚,他指出广深高速司机最大的不便是找不到加油站和厕所。这属于未按行业标准设置服务区,服务质量存在问题,对广大消费者构成违约,要求减免收费。但他一审败诉。败诉带来间接成果,广深高速公路东莞加油站服务区开通营业。

(2)收费公路清理两难困境

针对高速公路收费的各种乱象,国家进行了全国收费公路摸底大清查,2011年6月,交通运输部、国家发改委等五部门联合发出《关于开展收费公路专项清理工作的通知》,要求全面清理公路超期收费、通行费标准高等违规及不合理收费项目。从高速公路收费问题深层次体制机制看,这一通知精神难以彻底落实,其根本问题在于体制。

①"收费还贷"隐忧

中国高速公路采用"贷款修路、收费还贷"的模式,取得了快速发展。这种模式其实只适用于收入水平高、人口密度高的地区,因为这类地区通过收过路费可以还贷。而收入水平低、人口密度低的中西部地区,根本无法还贷。

"贷款修路、收费还贷"的模式变成了中国高速公路建设的普遍模式,还存在巨大的债务和金融风险。截至2010年底,因高速公路建设的债务余额1.1万亿元,还没有考虑与地方政府融资平台相关的所有还贷公路,实际远远大于这个数据。对于这样的巨额债务,即使超过国务院《收费公路管理条例》规定的收费期限,也难以还本付息,大量的银行坏账不可避免。

"收费还贷"的困境来自于高速公路建设的大跃进和地方政府对GDP的片面

追求。

②"统一收费"难题

2004年国务院颁布的《收费管理条例》第十一条规定:"省、自治区、直辖市人民政府交通主管部门对本行政区域内的政府还贷公路,可以实行统一管理、统一贷款、统一还款"。第二十三条规定,"转让政府还贷公路权益的收入,必须缴入国库,除用于偿还贷款和有偿集资款外,必须用于公路建设"。

由规定可以看出:

其一,"转让公路经营权收入可以用于新的公路项目建设"为转让公路经营权收入的资本运作,为全国各省、市、自治区对高速公路以及收费公路实行统一管理、统一投资建设、统一还贷、统一纳税开通了道路。

其二,"统一还贷"使得盈利高速公路还本付息后还可以继续收取通行费,全省所有高速公路贷款全部还清,才可能停收通行费。

"统一收费"的困境来自于:中央政府没有控制各行政区一定时期内可以进行的政府还贷公路建设规模,导致不需要近期修建的高速公路也修建了,靠那些车流量大的高速公路继续收费来"统一还款",由此可能形成银行坏账,或导致金融危机。

③"公益性和企业属性"矛盾

A股上市的19家路桥收费公司,平均利润率超过石油、证券和房地产,成为"最暴利"的行业,而这些企业的大股东都是各省交通集团的国有企业,充分体现了公路经营主体的企业属性与公路基础设施的公益属性之间的矛盾。

(3)监管改革重点

除了以上高速公路收费管理在深层次体制机制上的困境与矛盾,在短期收费公路监管执法中更需要从立法、审计、经营规范等方面的完善。

①立法

其一,对有关收费公路方面的地方性法规和规范性文件进行清理,解决现行法规制度中明显不适应实际需要、前后规定不一致或不衔接、文件过期等问题;

其二,按照两个路网体系思路分别对"收费公路"和"非收费公路"的建设资金及养护资金的来源性质、筹措主体,予以补充明确。

②理顺管理体制,规范经营管理行为

目前高速公路规划事权分属于中央和省(少部分市县也有)交通主管部门;投融资事权分属厅、局、中央或地方国资委、私人投资者等;其建设时序和收费价格由省政府发改、财政、物价、交通共同确定;其日常收费管理则由各种公司、管理局、养护中心负责,同时涉及交警和路政两个行政执法部门。纵向看,收费公路的管理权责分散于从中央到地方多级政府;横向看,各种权责在交通、发改、国资、民企、财政、公安之间交叉。解决这种复杂的权责关系才可能实现高速公路的良性发展。

③加强外部审计,提高收费公路的透明度

审计公路通行费收费,公布收费公路经营管理状况,控制收费公路投资和运营成本,以避免相关投资方或管理方资金转移或浪费。

④设定科学合理的收费标准

在提高收费公路透明度原则下,综合考量高速公路投资总额、里程长度、贷款期限、维护成本、服务质量水平、社会承受能力、收费流向等诸多因素,确定科学的收费标准。同时广纳民意,予以制度化的核定。

关键词:

(1) 规范经济学、实证经济学

(2) 外部性、正外部性

(3) 政府特许经营权

(4) 搭便车

(5) 公共产品

(6) 价格歧视

(7) 级差效益

(8) 价格博弈

(9) 贷款修路,收费还贷

(10) 监管

思考与讨论：

(1) 说说你听到的和遇到的关于高速公路收费管理不合理事件。

(2) 说说你接触到的自然垄断行业,在经济管制做得较好的地方。

(3) 你知道高速公路收费制度的来源吗?

(4) 是不是公共产品就必须免费,当前高速公路是否可以不收费?说出你的理由。

(5) 高速公路都是暴利行业吗?

(6) 你认为当前物价上涨,很大一部分原因是收费公路通行费过高吗?

(7) 高速公路既然征收了燃油费,就不应该收过路费,对吗?

(8) 高速公路收费标准如何确定?

(9) 当前政府可以在哪些方面加强对高速公路的管制?

参考文献：

[1] 涂露芳.中国式运输三个样本:物流卡了现代化的脖子[EB/OL].http://finance.sina.com.cn/chanjing/cyxw/20111223/113511049869.shtml,2011-12-23

[2] 中央电视台财经频道.聚焦物流顽症[EB/OL].http://finance.sina.com.cn/focus/cctv2wuliu_2011/,2011-07-11

[3] 赵坚.中国收费公路清理临"两难"[J].中国改革,2011,(10):82-85.

[4] 颜飞.公路运输的交易治理与经济管制[D].西安:长安大学,2008:119-121,126-127.

[5] 中国二手车城.公路收费提上议程高额度底下缘由种种[EB/OL].http://news.cn2che.com/html/2012/0305/news_33617_2.html,2012-3-5

[6] 中国交通报.透视收费公路盈利能力与债务风险[N].中国交通报.2011-6-30.

[7] 交公路发[2011]283号.关于开展收费公路专项清理工作的通知[EB/OL].http://www.moc.gov.cn/zhuzhan/zhengwugonggao/jiaotongbu/gongluguanli/201106/t20110614_954472.html

[8] @前进者二.公众对公路收费的认识存在十大误区[EB/OL].http://wenku.baidu.com/view/a1d59403b52acfc789ebc910.html,2011-6-24

交通杀手——交通运输危害性评估

Transport Killer—The Estimation on the Harmfulness of Transportation

谢欣吟绘图（重庆一中高 2015 级 27 班）

汽车火车轮船，公路铁道航线，废气微尘噪音，雾霾重重，杀手就在身边。

石超峰

> **调笑令:汽车污染**
> 无奈,无奈,车车竟排无羁!
> 污气微尘流毒,万里长空染污。
> 尾气,尾气,车辆废气咋办?

这个行路者戒的图片说明了交通事故的可怕和可笑,我们创作了这首调笑令说明公众对交通污染的无奈和交通污染的危害性,2012年,雾霾袭击我国的许多城市,交通污染问题引起全社会的空前关注。

在人类几千年的文明发展历史中,交通扮演了一个重要的角色,起到不可估量的重要作用。然而,交通就像"双刃剑",在造福人类的同时,也在一定程度上"祸害"人类,对人类的生命、财产和健康造成很大的影响。从经济学的角度讲,就是交通的负外部性,我们这里通俗地讲,就是交通杀手,我们把它分为显性杀手和隐形杀手,所谓的显性杀手就是交通事故,隐形杀手就是交通污染。

一、显性杀手—交通事故

回顾历史,我们无比感慨,一部交通发展史也是一部交通事故演变史。公元19世纪末,人类社会进入了汽车时代,汽车的诞生与发展,无疑为人类社会的发展与进步带来了空前的奇迹,同时,也给人类带来了深重的灾难。道路交通事故因为跟整个人类有关,不管任何人,只要在公路上或者在街道上,都有可能遭遇交通事故。世界各国交通事故造成的伤亡已被公认为威胁人类安全的"第一公害"。人们哀叹交通公害是永无休止的交通战争。1868年英国人在伦敦议会大厦门前的马路上安装了两盏煤气灯,用红色信号灯表示禁止通行,绿灯表示可以通过。1925年,年仅20岁的中国留学生胡汝鼎先生建议美国人在红绿灯中间装黄色信号灯,以提醒人们注意交通安全。这些都标志着人类社会已经开始意识到阻止道路交通事故发生的重要性。人类历史上有史料记载的第一起道路交通事故是1899年在美国纽约发生的一辆汽车将一名正在行走的妇女海伦·布丽丝轧死事件。然而,道路交通事故真正引起人类社会重视,是20世纪以后的事情了。由于各汽车工业发达国的汽车保有量急剧膨胀,道路交通事故也随之猛增。据世界卫生组织统计,在各种事故死亡中,交通事故占50%,工伤事故占10%,体育运动与各种娱乐事故占40%。为了减少日益严重的道路交通事故,一些发达国家都投入了大量的人力物力,设立专门机构,对道路交通安全加强管理和研究(有兴趣的读者可以进一步参考文献[1])。

1.显性杀手有多牛?

显性杀手无情摧残着人类的生命,酿成无数的人间悲剧,古往今来,不知发生了多少妻离子散家破人亡的悲催故事。残酷的交通事故,严重地威胁着人们的生命和健康,破坏着社会财富。随着我国经济建设的迅猛发展,城市道路建设取得了举世瞩目的成就,但与此同时,我们不得不面对的是我国较差的道路安全现状。统计数据表明,我国目前已经进入道路交通事故高发期,道路交通事故死亡人数居世界第一,2004年《中华人民共和国道路交通安全法》及其《实施条例》全面实施以来,2005年全国道路交通事故虽有所下降,死亡人数首次不到10万人,并逐年呈下降趋势,但绝对数依然巨大,总体形势依然严峻。图1为1991—2008年全国道路交通事故死亡人数变化图,从图中可以看出,1991—2001年全国道路亡人数一直呈现增长趋势,2002年开始死亡人数有所回落,但数量基数仍然很大。

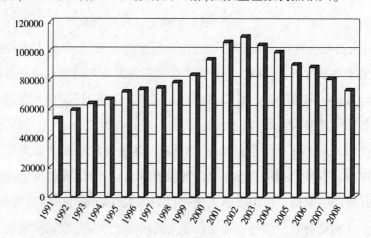

图1　1991—2008年全国道路交通事故死亡人数变化图

显性杀手不仅害命,而且还谋财,而且对财物具有非凡的贪欲。交通事故在人类死亡原因中位列首位,统计资料表明,我国90年代交通事故多达24000多起,损失金额达9亿多元人民币,1999年我国交通事故造成的直接经济损失为20亿元人民币,2001年开始突破30亿元大关,而2003年则达到了33.7亿元,2004年为23.9亿元。近年来,我国每年交通事故所造成的直接经济损失有所下降,2007年为12亿元,2008年小幅下降至10.1亿元,而2009年更是首度跌破10亿元大关,进一步下降至9.1亿元,同比下降10%左右。然而间接经济损失往往是直接经济损失的10～15倍,若把事故现场堵塞所造成的经济损失算上,按最保守的方法计算,每年的经济损失都达到300亿元以上。

交通事故给个人、社会造成了巨大的直接损失和间接损失,造成了深刻的心理创伤,付出了经济代价、人力资本代价和社会资源代价。"人命关天",因此,甚至可以把交通事故外部性的社会成本估计为无穷大。

2.显性杀手是怎么炼成的

如此深恶痛绝的显性杀手,谁是他的"保护伞"?"人"、"车"、"路"一个都不能少,都是罪魁祸首。交通系统由人、车、道路及环境组成,在"人—车—路—环境"组成的动态交通系统中,"人"是中心,"车"是纽带,"路"是基础,"环境"是条件,这些要素在交通安全系统中的作用都很重要(详见参考文献[2])。

(1)人的因素

正是人类的疏忽大意,才给了显性杀手可乘之机。人是影响城市道路交通安全诸因素中最活跃最重要的因素,人的出行行为产生交通,交通出行是产生交通事故的必要条件,意味着城市道路交通事故是在人们出行的条件下产生的,而人口的数量直接影响交通的出行量。因此,人口的数量也就成为影响道路交通事故产生的重要因素。从事故的角度来看,在城市道路系统中,人既是制造交通事故的行为人,又是事故的受害者。这里面的人指的是所有道路使用者,既包括驾驶员,也包括乘客、行人、非机动车驾驶员或骑乘者,他们都是交通系统中的元素。表1是2004年、2005年我国道路交通事故的成因比较。

由表1中可以看出,造成道路交通事故的因素中,作为交通参与者的人是交通事故发生原因中,人的因素,尤其是驾驶员的因素在各交通事故成因中的比例是最高的。

交通事故成因比较　　　　　　　　　　　表1

年份	驾驶员			非机动车驾驶员、行人、乘车人及其他人员			因车辆、道路因素等引起的其他交通意外		
	事故数/起	死亡人数/人	受伤人数/人	事故数/起	死亡人数/人	受伤人数/人	事故数/起	死亡人数/人	受伤人数/人
2004	465083	93550	435787	35144	8920	29518	17662	4607	15559
2005	417355	91062	—	20090	4208	—	12809	3469	—

（2）车辆因素

车辆冰冷的钢铁外壳恰好为显性杀手提供了难得的、天然的铠甲，它们如虎添翼，所向披靡。车辆是现代城市道路交通的主要运行工具，是道路交通系统的重要组成元素，从交通安全的角度来看，车辆往往是交通事故的罪魁祸首。车辆因素对于道路交通安全的影响是最直接、最明显的。机动车保有量与交通事故数量的相关性非常明显。当一个国家的机动车保有量由低到高发展时，道路交通事故率会随着机动车保有量的增长迅速，而到机动车保有量达到一定高度时，随着道路交通管理力度的加强和人民道路交通安全意识的提高，以及一些专项整治措施的施行，道路交通事故率降低，事故总量呈现下降趋势。在一定程度上，车辆的种类、结构和性能完好、车辆的技术以及安全化的设计，对于减少交通事故发生的概率，降低交通事故的伤害程度有着巨大的作用。

（3）道路因素

"路漫漫其修远兮"，全副武装的显性杀手正在漫漫长路上，摩拳擦掌，伺机作案。许多国家和地区的公众都简单地认为交通事故都是由于驾驶员的粗心以及车辆的故障问题造成的，并且大多数的交通管理机构在调查分析交通事故时，都将交通事故归咎于"人为因素"，而淡化了"路"在交通事故中的作用。其实道路因素作为道路交通的基础，车辆、行人等交通流的载体，如果考虑到道路条件在很大程度上促使交通事故的发生，那么道路因素在交通事故发生过程中的作用就不容忽视。美国交通专家 Haight.F 教授认为："只是驾驶员一方面的错误，决不会引起严重后果的事故。事故的主要原因往往是不安全的、危险的道路条件引起的。"因此，道路方面因素应满足道路使用者的要求，如满足车辆正常行驶而不发生滑移及倾覆等事故的条件，提供驾驶员做出正确驾车判断的信息，设立保证行人出行安全的交通安全设施等等。

(4) 环境因素

显性杀手不仅凶残而且深谙兵法要领,会敏锐地捕捉到适合自己发动攻击的"天时、地利和人和",该出手时就出手。除了"人"、"车"、"路"对城市道路交通安全有影响外,环境因素也会对城市道路交通安全程度造成一定影响。影响城市道路交通安全的环境因素由自然环境因素和社会环境因素组成。自然环境因素包含地形、地貌和天气因素等多方面内容,尤其是不良天气更是容易导致路面抗滑性能、能见度等道路的使用性能大幅度下降,也就容易诱发交通事故。比如雨雪天气会造成路面湿滑、结冰,路面的附着系数会减少,当驾驶员进行刹车或者加速等操作时易造成车辆侧滑、甩尾等危险车况,以致发生交通事故。另外,大雾天气会导致能见度下降,容易使驾驶员产生犹豫、疏忽甚至于错觉,就会加大交通事故的发生率,并且一旦发生交通事故,经常会引发连锁反应,最终会形成多车连环追尾相撞的交通事故。社会环境因素主要包含经济发展水平、居民出行特征、交通运输行业发展水平等几个方面,反映在交通方面就是城市的各种交通量,同样对城市道路交通安全起着重要作用。交通量的增大,道路突发事件也随之增多,导致城市交通拥堵,严重干扰了交通流的正常运行,降低了道路的通行能力。交通量的大小,除直接影响着驾驶员的心理紧张外,同样也影响着交通事故率的高低。

3. 先发制人,遏制显性杀手

"先下手为强,后下手遭殃","知己知彼方能百战不殆",面对如此凶残而又狡猾的显性杀手,人类必须做到科学预测,先发制人,防患于未然。随着道路交通事故预测方法的发展,国内外曾出现过一些颇为实用的宏观预测方法,主要有以下几种(详见参考文献[1]):

(1) 专家调查法。20世纪40年代末美国兰德公司提出的向专家反复函询的一种定性预测方法。通过向交通安全专家提供道路交通事故背景等资料,得到不同专家的预测意见,总结得出道路交通事故决策结果。此法分析问题深入,定性因素得到定量处理,适用于区域道路交通事故的短期宏观预测。

(2) 专家预测法。专家对道路交通事故的过去、现在进行深入分析,然后对道路交通事故的未来发展趋势做出客观判断。可以采用专家个人判断和组织专家会议两种形式。

另外,还有一些预测法,如统计回归模型法、史密德(Smeed)模型法、北京模型法、灰色预测法以及人工神经网络法等(有兴趣的读者可参考文献[1,3,4])。

4.显性杀手的江湖地位

显性杀手来自五湖四海,驰骋天下,笑傲江湖,它们的危害越大,恰恰江湖地位越高,这是一个无奈的、可悲的逻辑。但我们必须正视它,科学鉴定它的江湖地位,从而做到有的放矢,杀鸡用鸡刀,杀牛用牛刀。下面四种评估方法常用来鉴定它的江湖地位。

(1)交通部委托同济大学交通运输工程学院编制了《公路项目安全性评价指南》,该指南把85%的车辆运行车速与设计车速的差值和相邻评价单元运行车速的差值作为评价指标,用以分析道路路线设计的安全性。

(2)西安公路交通大学的周伟和罗石贵利用交通冲突技术,对路段上的交通冲突进行观测,建立了多个路段的事故判定模型,详见参考文献[6]。

(3)武汉理工大学博士生刘清分析高速公路交通危险性后提出高速公路交通危险等级评价,给出评价公式,详见参考文献[7]。

另外,还有模糊评价法和灰色聚类评价法等,有兴趣的读者可参考文献[10-13]。

5.严打显性杀手

为了人类生命财产的安全,我们必须对显性杀手针锋相对,"以眼还眼以牙还牙",可以使用"四面楚歌,八面埋伏"等各种手段,使得显性杀手无处藏身。美国等发达国家自20世纪50~60年代起,各自经历了经济高速发展、交通安全状况严重恶化的时期。通过综合运用3E策略(Enforcement实施、Engineering工程和Education教育),完善交通安全法律体系,调整交通安全政策,明确交通安全责任,强化政府的交通安全管理职能,大力推广和使用新技术、新方法,全面提高道路、车辆的安全性,交通安全状况大为改观。并逐步建立了以预防为主的交通安全管理机制。

自20世纪80年代中期开始,我国道路交通事故的各项指标均持续增长,交通安全状况日趋恶化,交通事故死亡人数位居世界第一位,远远超过印度、美国、俄罗斯,交通事故多发已成为严重影响社会发展和人民生活的重要因素,并引起了各级政府及社会民众的极大关注。交通安全、交通事故预防涉及"人、车、路、环境"众多因素,公路交通管理部门作为交通安全行业管理部门,采取了一系列实质性的措施来加强管理,来降低交通事故,先后在全国范围内实施"畅通工程"、创建"平安大道"、整治交通事故黑点、加强交通事故预防的措施、建立交通事故预警机制、加强运输企业和从业人员的资质管理等措施,这些措施的实施,大大改善了我国道路交通的安全状况。但从建立长效安全管理机制角度看,还远远不能解决我国目前道路交通安全问题。根据我国道路交通的特点,还应从以下几个方面加强对安全工作的预防和管理工作。

(1)建立和完善针对交通运输企业的监管执法联动机制。在道路交通安全事故中,因为人的因素,也就是驾驶员违章驾车而造成的交通事故约占事故的50%,违章行为主要有占道行驶、违章停车、倒车、掉头、违章并线、违章超车、逆行、措施不当、酒后和超载等等,这些违章行为主要是受驾驶员自身因素的影响,而这些违章行为不能得到及时的纠正和处罚,又是酿成交通事故的根本原因之一,仅凭监管部门单一处罚,很难从根本上解决这一问题。发达国家的经验说明,通过采取有效的监管措施,道路交通事故的上升趋势可以得到控制。目前我国道路交通监管的突出问题是公安、交通、监督等执法监管权利分割,不能形成责任有效追究,需从依法对驾驶员严重违法行为构成重大隐患和重特大道路交通事故直接责任人的处罚,向对追究其交通运输企业及其负责人的相关责任延伸,加大对交通运输企业及其负责人责任追究、行政处罚的执法监督力度,形成从路面到源头的道路交通安全监督管理链,建立对交通运输企业监管执法联动机制,公安、交通、监督等执法部门各司其职,相互配合,形成对交通运输企业交通事故和交通隐患监督执法联动机制和信息共享互通制度。近期可对重点运输企业驾驶员严重超员、超载、超速和疲劳驾驶等违章行为进行连续联合治理,从根本上杜绝此类事故的发生。

(2)依靠科技,提高道路监管水平。目前我国道路交通车辆的监管,还局限于监管部门的现场检查和重点路段监控的初级管理阶段,如何建立系统、连续、可控的监管方式,是我国交通安全管理部门一项长期性工作。从国外成功的经验中我们可以得出安装行车记录仪和GPS是有效预防事故的重要措施。通过这些先进

控制设备的安装可以有效控制行驶车辆的行驶状态,及时纠正违章行为,防止事故的发生。在我国应该加快推进汽车行驶记录仪和 GPS 的应用和推广监管工作,加强客运、货运车辆超载和超时疲劳驾驶的违法现象的监督,特别在道路交通死亡事故高发时期,有着十分重要的意义。国家有关部门应考虑选择在营运客车和危险货物运输车辆上实行强制安装使用汽车行驶记录仪或 GPS,并制定具体实施办法和技术规范。加强对汽车行驶记录仪生产和应用的政策引导。规范生产企业的市场准入标准,鼓励运输企业安装使用。运用新的技术装备,提高道路监管水平是解决行驶中车辆因素的最有效、最直接的方法。

(3)搞好对道路交通安全专项整治和事故综合预防工作道路交通安全问题,是一个地区文明程度和管理水平的综合反映,直接关系到当地的经济发展和社会稳定。因此,各部门和各级政府要扎扎实实建立和健全道路交通事故预防机制,发挥各部门的职能作用,切实把道路安全专项整治和事故预防工作落到实处。要按照五部委局颁布的《预防道路交通事故"五整顿"、"三加强"实施意见》通知的要求,加强对农用车的管理。重点解决农用车载客、违章行驶、牌证发放、非法拼装车辆等问题。同时,应堵疏结合,积极引导客运企业进入农村客运市场,以解决农民出行难的问题;加强对摩托车违章行为的集中治理,形成严管态势;加强对运营驾驶员的培训和监督管理,严把运营驾驶员从业资格关,遏制群死群伤特大道路交通事故,促进道路交通安全形势的明显好转。

(4)加快建立事故紧急救援系统。从交通事故死亡原因中可以看出,40%的死亡人员是因为事故发生后没有得到及时救助而死亡的,从美国交通安全实践经验中可以看出,缩短事故后时间,有利于减少交通事故过程中的伤亡以及伤害程度。在这个意义上,交通事故发生后的半小时被称为"生命黄金半小时",对挽救交通事故受害者的生命至关重要。我国已有少数地区建立起交通事故紧急救援通道,但是多数地区特别是偏远地区还没有建立起该救援通道,有关部门应尽快做好该项工作。

(5)创造交通安全文化,加大道路交通安全宣传教育力度,增强全社会的交通安全意识和道路交通安全知识的普及是提高交通参与者整体素质,减少交通事故的又一有效方法。从我国交通事故统计调查中不难发现,部分交通参与者安全意识淡漠,对交通规则不够了解,是我国交通事故频发的原因之一。交通法规的宣传、普及是当前急需要落实的一项重要工作,在全社会范围内创建一种交通文化氛围,使广大的交通参与者形成人人重视交通安全、人行其道、车走其路,使遵法守法成为良好的社会风尚。

(6)建立"点—线—面"立体防治机制,完善道路交通事故分类和统计方法,提高事故统计的科学性,根据对道路交通事故的诱因和机理的分析,为提高交通系统的安全性能,建议对道路事故采取"点—线—面"立体控制的方法。鉴于事故地点不可移动性的特点,对事故多发点实行"点控";鉴于事故在道路路段上具有"移动性"的特点,开展道路路段的安全"线控";鉴于交通事故的发生量与交通流量、车辆的混入率等交通状态有较大的关系,而交通量、混入率等交通状态参数与道路路网的规划设置具有较大的牵连,因此应该开展针对道路路网的"面控"。通过"点—线—面"控制工程的实施,将达到有效降低道路交通事故,提高道路交通系统安全性能和通行能力的目的。

(7)从道路交通的整体水平提高入手,完善道路的功能。道路作为车辆通行和交通事故的主要发生地,其对交通事故的影响是不言而喻的,随着车辆动力性能的加强,道路等级的提高,由于道路线形设计、路面施工不合理、交通诱导标志不足等多方面原因的影响,产生的交通事故越来越多,因而从提高道路交通的整体水平入手,合理确定道路的建设标准,提高道路整体规划水平,完善道路功能,大胆引进国外道路建设中的先进经验,解决好道路建设中线形、路面交通安全设施和工程造价之间的矛盾。目前,我国的道路建设、交通组织管理同国外相比还存在很大差距,我们在加快公路建设的同时,还要在提高路网结构,合理确定道路建设标准,从长远发展的角度处理道路建设整体规划问题。解决好道路资源开发利用率不高、管理水平偏低、科技含量少的不足,特别是在城市道路建设中更要注意高新技术的应用,以解决好日益突出的城市道路交通安全问题。

二、隐形杀手—环境污染

明枪易躲暗箭难防,显性杀手固然可恨,但隐形杀手更加可怕。交通运输环境污染包括大气污染、噪声和震动等。交通运输环境污染降低了生活质量,危害了人们身心健康,造成了地区性乃至于全球性的酸雨、温室效应。

交通系统产生的环境污染包括大气污染、噪声污染以及震动、电磁波干扰等，其中大气污染及噪声污染是影响城市环境质量的主要污染源。随着我国机动车保有量的增加，汽车尾气对大气污染的程度还在加剧。道路交通产生的噪声污染在城市声污染中所占比例也是相当高的。在发达国家，道路交通产生的噪声强度一般都占总噪声强度的80%以上。在我国，由于大多数城市处于城市开发及经济发展阶段，施工噪声及工业噪声占有一定的比重，但交通噪声仍占主导地位，一般占总噪声强度的50%。以上分析可见，尽管我国的车辆保有量远比发达国家人均小，但道路交通对环境影响的相对程度已经接近（有些指标已经超过）了西方发达国家的道路交通对环境影响的相对程度。而我国城市环境质量的绝对状况远远低于西方发达国家。因此，通过对道路交通与城市环境质量相关关系的科学研究，制订符合可持续发展的交通发展政策与管理办法，引导交通结构向低环境污染的合理模式转移，对城市环境保护有着重大的意义。有兴趣的读者可以进一步阅读参考文献[2]。

交通噪声和车辆、路况和防护措施关系密切，特别是对人们心态的影响是很重要的，却又难以衡量。汽车尾气排放造成了空气质量下降，是许多疾病的诱发因素。

可见，交通事故和环境污染是名副其实的交通杀手，应该引起全社会的广泛关注。由于具有独特的方便快捷的特点，目前，我国公路交通运输在客运量、货运量、客运周转量等方面均遥遥领先于其他各种运输方式的总和，且其发展仍处于高速成长上升期。然而，在看到公路交通运输对国民经济的巨大推动作用的同时，也不能忽视其污染的巨大危害。有兴趣的读者可以进一步阅读参考文献[8]。

1. 揭开隐形杀手的神秘面纱

(1) 空气污染

空气污染是温柔杀手，在无声无息中，贻害无穷。

气体。如一氧化碳CO，氮氧化物NO_x，碳氢化合物HC和挥发性有机化合物（包括甲烷、汽油和柴油蒸气、苯、甲醛、丁二烯和乙醛）。

微粒物质。包括各种各样悬浮在大气中的固体，譬如烟、煤烟、灰尘和矿物燃料，特别是煤炭不完全燃烧的产物。微粒物质是致癌物质，当尺寸小于5微米时

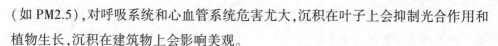

(如 PM2.5),对呼吸系统和心血管系统危害尤大,沉积在叶子上会抑制光合作用和植物生长,沉积在建筑物上会影响美观。

(2)水污染

水污染是游动杀手,充斥在我们周围,无孔不入,害人不浅。

作为大气污染的重要来源,公路交通运输对水污染也是不可避免的。另外除冰剂的流失以及基础设施的建筑和维护等都可能造成水污染。

(3)噪声污染

噪声污染是恼人的杀手,让我们烦躁、恼怒,可是无处发泄,无法寻觅她的"倩影"。

公路交通运输噪声污染约占各种交通噪声总污染的70%,其主要来源是发动机和轮子在路面的摩擦,噪声的强度与行车速度和强度有直接的联系。噪声影响睡眠和休息、损害人的听力、干扰人的正常工作和学习,也可能改变野生生物种类的生存环境。

2.隐形杀手的江湖地位

隐形杀手神龙见首不见尾,他们的危害越大,恰恰江湖地位越高,这也是一个无奈的、可悲的逻辑。但我们必须正视他,科学鉴定他的江湖地位,从而做到有的放矢,杀鸡用鸡刀,杀牛用牛刀。下面三种评估方法常用来鉴定他的江湖地位。

交通运输污染源是指对周围环境造成污染的交通运输设施和设备。它以发出噪声、引起振动、排放废气和洗刷废水、泄漏有害液体、散发粉尘等方式污染环境。

环境污染成本主要包括由地方性空气污染、噪声两部分所产生的社会成本。其评估主要有三种方法:替代市场法、价值评估法、间接法。其中,替代市场法又分为旅行成本法、内涵定价法及防护支出评价法。

对于交通噪声成本而言,最常用的估价方法有:评价噪声对建筑物的市场价格的影响,即财产价值的降低;估价为消除或减轻噪声而采取的行动所需的成本,即防护成本;估价噪声的损害以及恢复成本(支付意愿、健康损失)等。此外,不同运输方式的社会成本也存在着明显的差异,公路交通噪声成本所占的比重较大。

目前主要有两种噪声污染损失评估方法:直接和间接的损害费用和防护费用法。有兴趣的读者可参考文献[17]。

3.严打隐形杀手,让其无处遁身

为了人类生命财产的安全,我们必须对隐形杀手赶尽杀绝,充分使用"运动战、游击战、堡垒战"等战术,在战略上藐视敌人,集中优势兵力,各个击破敌人,使得温柔杀手、流动杀手和恼人的杀人都死无葬身之地。

(1)政府履行多种职能

在防治公路交通运输污染中,政府可扮演至关重要的角色。通过履行多种职能,减少公路交通运输污染。为公众提供一个良好的环境,维持自然与社会的发展质量与可持续性。政府可以履行的职能包括:①行政管制。通过制定法律、法令、法规等,实施命令与控制政策,例如:政府实施新车排放法规,迫使机动车制造商、车主使用某种污染控制技术,从新车开始就控制好污染物的排放水平。②征税收费。作为经济手段和法律手段,政府对公路交通污染进行征税收费,目的是使排污者承担外溢成本,将外溢成本内在化,当排污者使用不环保的交通运输方式所要付出的税收费用的边际成本高于由于快捷而产生的边际收入时,排污者就会考虑使用更加环保的交通运输方式。开征燃油税是一个很好的办法,"谁燃油,谁交税,谁多燃油,谁多交税",可以促进最大限度地节省能源、降低污染。③发展绿色交通。通过建设地铁或轻轨、使用电动汽车或氢动力汽车等措施,发展绿色交通,满足公众快捷方便交通的同时,也可有效地降低公路交通污染。此类工程浩大,一般唯有政府才可以贯彻实施。④加强对公众的环保教育。

(2)公众增强环保意识

总体而言,目前公众对节约和环境问题的重视程度并不高,对于自身及其他社会组织应该做的和能够做的节约环保工作缺乏清晰的认识,自觉参与的节约、环保活动也不多见。显然,没有公众的责任感和自觉行为,节约、环保则有如空中楼阁。在公路交通运输中,公众也应该自觉增强环保意识,坚守环保理念,落实环保行为,如:能步行或骑自行车的不坐汽车、能坐公交车的不坐小汽车、能坐火车的不坐汽车、能拼车的尽量拼车,等等,虽然每一件事情都很小。但如果是公众全民参与,则公路交通污染将会大大降低。

(3) 运输企业实施绿色物流

在当前日益激烈的竞争环境中,迫于成本、时间、可靠性等方面的压力,交通运输企业通常倾向于采用某些策略,以最小的企业成本、最佳的货运时间、最可靠的运输方式、最少的破损威胁为客户服务。铁路运输、水运等运输方式虽污染少,但速度慢、难以准时交货、安全可靠性差、客户满意度欠佳,因此公路运输、空运被优先运用,而这恰恰是环境友好度最差的两种运输方式。这些竞争策略与环境保护背道而驰,使环境成本被边缘化,虽然企业和消费者通过供应链的传递可以分享到一些利益,但环境却承受了巨大的负担和代价。因此,企业开展绿色物流,即以节约能源、减少废气排放为主要特征的物流运输,保证其与社会经济和资源环境之间的和谐发展,实现经济的可持续发展,受到高度关注。

就企业而言,实施绿色物流意味着暂时利益的损失和长期利益的获得,这是因为,目前人们的环保意识不断提高,公众对绿色产业的支持也与日俱增。传统上,价格与质量是进行选择的基础,但环境保护一般也是人们所乐意看到的。因此,绿色也可以成为一种竞争优势。在实际工作中,实施绿色物流主要可通过如下两个途径:第一,逐渐转变运输方式,譬如:发展多式联运,最大限度地发挥各种运输方式的运输特点,克服单个运输方式的固有缺陷,实现运输一体化,从而在整体上保证运输过程的最优化和效率化,以此降低能源浪费和环境污染;发展共同配送,针对某一地区的客户所需要物品数量较少而使用车辆不满载、配送车辆利用率不高等情况,通过多个企业联合组织实施配送,最大限度地提高人员、物资、资金、时间等资源的利用效率,取得最大化的经济效益,同时也可取得缓解交通、节约能源、保护环境等社会效益。第二,建立信息网络,采用和建立库存管理信息系统、配送分销系统、用户信息系统、EDI/Internet 数据交换、GPS 系统以及决策支持系统、货物跟踪系统和车辆运行管理系统等,将分属不同所有者的物流资源通过网络系统连接起来进行统一管理和调配使用,放大物流服务和货物集散空间,充分利用物流资源,等等。

(4) 专家开发绿色能源

公路交通运输污染的来源主要是矿物燃料的燃烧产物,因此,寻找绿色能源替代目前的汽油、柴油等矿物燃料,是一种积极主动的解决之道。绿色能源又称清洁

能源,狭义的绿色能源是指可再生能源,如水能、生物能、太阳能、风能、地热能和海洋能等,这些能源消耗之后可以恢复补充,很少产生污染。广义的绿色能源则包括在能源的生产、消费过程中,选用对生态环境低污染或无污染的能源,如天然气、核能、电池、氢动力等。

值得欣喜的是,随着人们环保意识的觉醒和政府的强力推动,企业已经开始深入研发使用绿色能源的汽车。最早采用天然气,但其燃烧依然会产生污染;进而采用镍氢电池、锂离子电池,但其造价高、行驶速度慢、一次充电后行驶路程短,目前也面临困境,通用汽车公司已因其前途渺茫而宣布将该类产品停产;最近,因能量转化效率高、生成物是水而不污染环境,以氢为原料的燃料电池受到关注,但其造价太高,目前仅燃料电池的价格就要2.5万美元,显然还无法商业化;另外,由于具有零排放、无污染、用之不竭等特点,基于太阳能电池的电动汽车的开发也已展开。然而,总体而言,各种采用绿色能源为动力的汽车的发展还不尽如人意,有些甚至还仅停留在概念上,只有通过相关领域的技术专家的努力研发,在性能、便捷、价格等方面可以达到传统动力汽车的水平时,才有可能取而代之。

总而言之,目前公路交通污染已经非常严重,需要社会各界积极参与应对,维持一个无污染的良好环境,是确保自然与社会和谐发展的基本要求,任重而道远。

三、显性杀手和隐形杀手狼狈为奸结果如何?

我们以水运为例说明交通运输危害性的综合评估方法。

水运具有独特的比较优势,发展水运经济符合科学发展观的要求。科学发展的本质就是可持续发展,发展水运经济对促进国民经济可持续发展具有不可替代的作用。与其他运输方式相比,现代内河水运具备很多优势,最突出的为"环保优势"。另外,水运在安全性、大宗物资运输效率等方面也具有明显的优势。

计算过程:

$$水运节能产值当量 = 平均能耗减少 \times 货运总周转量 \times 柴油单价$$

$$减少 CO_2 的排放的产值当量 = 平均能耗减少 \times 货运总周转量 \times 柴油折合标准煤的比率 \times 碳折合 CO_2 的比率 \times CO_2 交易单价$$

$$水运节能减排产值当量 = 水运节能产值当量 + 水运减排产值当量$$

"人命关天",从这个意义上讲,生命的价值不管如何估算都不过分。在此我们创造出生命价值概念来评估死亡者造成的损失。我们认为,人生产活动离不开家庭和社会,因而,一个人不幸遇难,会直接影响到其直系亲属和其他紧密的社会关系,会给其工作单位甚至行业造成物质和精神损失,如出现重大事故,可能会造成社会稳定问题。船员是水运死亡者对水运单位和行业影响的潜在人群,经我们对船员做调查,其对行业的人群造成虚拟精神损失的比例为15‰。我们全面考虑水运死亡者造成的直接损失,间接损失和对社会影响造成的损失,给出水运死亡者生命价值的计算公式如下:

年度水运死亡者生命价值当量=死亡赔偿标准+直系亲属×交通赔偿精神损失最高标准+15‰×年度船员人数×交通赔偿精神损失最低标准

关键词:

(1) 交通显性杀手

(2) 交通隐形杀手

(3) 交通污染

(4) 交通安全

(5) 交通安全评估

(6) 交通污染评估

思考与讨论:

(1) 你认为人类的运输活动是否存在极限,为什么?

(2) 简述交通运输危害性评估方法。

(3) 交通运输危害性的主要表现形式是什么?

(4) 如何解决交通运输危害性问题?

参考文献:

[1] 夏青青.道路交通安全事故成因及预测模型研究[D].长沙:长沙理工大学,2010.

[2] 任彦铭.城市道路交通安全的预测与评价方法研究[D].合肥:合肥工业大学,2010.

[3] 任福田,刘小明.论道路交通安全汇[M].北京:人民交通出版社,2001.

[4] 邱仁义,刘站冶.交通事故预测的灰色GM(1,1)模型[J].公路与汽运,2008,4.

[5] 马海红,郭继孚,孙壮志.奥运交通风险评估与实例分析城市交通[J].城市交通,2008,6.

[6] 罗石贵,周伟.路段交通冲突的调查技术[J].长安大学学报(自然科学版),2003,1.

[7] 刘清.道路交通安全等级评价与实例分析[J].交通科技,2001,1.

[8] 何玉华.公路交通运输污染及其防治对策[J].物流技术,2008,4.

[9] 吴淳,徐航.城市道路交通污染预测与评价[J].科技信息,2007,4.

[10] 宇仁德,石鹏,刘芳.基于模糊理论的交通安全评价方法的研究[J].数学的实践与认识,2008,7.

[11] 汪明春.道路交通安全影响的模糊评价方法及数学模型的建立[J].公路交通技术,2008,2.

[12] 马健霄,孙伟,韩宝睿.城市道路交通安全模糊评价指标体系建立及应用[J].森林工程,2008,1.

[13] 牛会永.基于灰色理论的城市道路交通安全评价研究[J].中国安全科学学报,2005,9.

[14] 丹尼斯·卡尔顿,杰弗里·佩罗夫.现代产业组织[M].黄亚钧,译.上海:上海人民出版社,1998.

[15] 平狄克,鲁宾费尔德.微观经济学[M].李彬,等,译.北京:中国人民大学出版社,2013.

[16] A. Panpandrous. Externality and Institution[M]. Clarendon Press, Oxford, 1994.

[17] E Quinet. Internalising the Social Cost of Transport[M]. Paris: OECD, 1994.

节能增效——甩挂运输的可持续性

Saving Energy and Increasing Efficiency—The Sustainability of Drop and Pull Transport

谢欣吟绘图（重庆一中高2015级27班）

世间最远的距离不是你在天涯我在海角，而是你我牵手路过天安门，我却看不到你的脸。

张运

> 待我长发及腰,
> 恰逢雾霾萧萧,
> 耳边尚闻君语,
> 遍寻不见心焦。
> 君抚我长发,
> 已不见发梢,
> 青丝随风乱飘,
> 好似水草做妖。
>
> 画堂南畔依依语,尘雾缓缓飘,君怜我,戴口罩;我思君,泪暗抛。眼看着薄雾浓云上九霄。沐浴体香尚依稀,鼻中如同火烧。借问夫君一语,空气什么指标?相思泪愿化倾盆雨,洗出个万里无云天自高。唉,且拭去潸潸泪痕,再做晴日之邀。
>
> 资料来源:百度贴吧,http://tiebabaidu.com/p/3345270170.

近年来,中国迎来了雾霾肆虐的艰难时代,网络中有关雾霾的上述段子更是大量涌现,成为一个时代的另类注脚。

这也同时表明,受工业发展、交通量骤增等影响,中国已成为大气污染最严重的国家之一。据多项权威数据报道,58%城市空气中所含悬浮粒子浓度超过世界卫生组织标准5倍。因此雾霾、PM2.5值成了目前一个热议的话题之一。

随着气候环境的日益恶化,人们对自然、经济和社会的可持续性的关注越来越高。各国政府都在寻求通过各种手段来实现节能增效,减少CO_2等气体排放。今天的中国已经成为一个车轮上的经济大国,交通运输是国民经济的命脉,而甩挂运输作为交通运输的一种重要运输方式,其节能增效的优势对甩挂运输可持续性发展显得尤为重要。

一、走进甩挂运输

1.甩挂运输的产生

20世纪40年代,发达国家为了满足多式联运中诸如滚装运输和驮背运输的需要,最先采用了甩挂运输(图1)这种运输形式,后由于其独特的优势,又推广到一些大的汽车货运企业内。

甩挂运输在欧美地区和日本等发达国家已成为主流运输方式。尤其在北美、西欧等公路网络比较发达的国家,大型货运企业几乎无一例外地采用了甩挂运输,甩挂运输量占总运输量的70%~80%。

图1 汽车甩挂运输图

在一些发展中国家,如新加坡、菲律宾、韩国、巴西等国,甩挂运输使用也很广泛。

2. 甩挂运输概念

甩挂运输(Drop and Pull Transport)是指带有动力的机动车将随车拖带的承载装置,包括半挂车、全挂车甚至货车底盘上的货箱甩留在目的地后,再拖带其他装满货物的装置返回原地,或者驶向新的地点的新型运输方式。

甩挂运输具有两个突出特点:一是汽车列车运输方式;二是装卸甩挂作业方式。挂车自身不具备动力,由牵引车拖带行驶;一台牵引车往往需要配置多台挂车,牵引车与挂车之间不固定搭配,根据运输需要进行组合。

3. 在我国的发展

我国自1996年国家经贸委和交通部、公安部共同发出《关于开展集装箱牵引车甩挂运输的通知》后,对甩挂运输这种运输组织方式的重视和呼吁力度也在逐步加强。

从目前情况看,我国除东部沿海主要港口集装箱运输和少部分零担快运专线外,在其他地区、领域还处于起步阶段。据统计,2009年中国有牵引车26万辆,挂

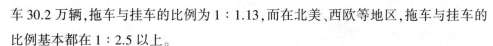

车30.2万辆,拖车与挂车的比例为1∶1.13,而在北美、西欧等地区,拖车与挂车的比例基本都在1∶2.5以上。

二、甩挂运输可持续性分析

1. 甩挂运输可持续性体现

(1)国外经验

从国外的发展经验来看,发展甩挂运输,在提高运输效率、降低物流成本、促进节能减排等方面的优势非常显著。以美国为例,甩挂运输带来的效益:相对于单车货运而言,节约运输成本20%~30%,减少道路交通量达85%,单位油耗只有单车的31%~46%。

(2)对中国经济社会发展的促进

自2007年以来,为尽早实现环境友好、资源节约的交通行业战略目标,无论在制定发展战略、规划和产业政策时,还是在进行结构调整、节能减排等工作中,都在大力强调要大力发展甩挂运输。甩挂运输的发展能在一定程度上优化交通运输行业结构、增加效益、降低能耗,能够促进中国经济社会的可持续发展。

甩挂运输的可持续性发展能够降低物流企业的运输成本和提高企业的经济效益,从而在一定程度上能够降低国家物流成本占GDP的比例,促进物流行业和国家经济的健康快速发展。

①对国家节能减排的促进

我国道路运输是能源消耗大户,据国家统计局资料分析,我国交通运输能源消耗中公路运输约占一半以上。发展甩挂运输,可以降低全行业的能源消耗和污染排放。如果全国道路货运业甩挂运输周转量比重提高到10%,每年可节省燃油折合300万~400万吨标准煤,相应减少CO_2排放650万~850万吨,对节能减排有一定促进作用。从这个层面上讲,甩挂运输的可持续发展有利于国家节能减排目标的实现,有利于全面贯彻落实科学发展观,有利于加快资源节约型、环境友好型社会建设。

②对企业经济效益的促进

通过对福建、浙江、山东等地物流企业的调研,了解到企业采用甩挂运输

后可提高效率30%~60%,降低成本10%~20%,减少油耗15%~20%。经济效益主要体现在以下几个方面:一是可以提高牵引车的工作率和挂车的吨位利率,在较大程度上节约能源消耗;二是通过科学高效的生产组织,可以大大提高货物的流转速度,创造出更高的时间价值;三是挂车待装待卸时的仓储功能可以相对减少库房面积,节省资金投入,节约建筑材料,减少土地占用;四是现行一主一挂的运输生产组织模式中的装卸时间变成了甩挂运输的运行时间,可以大大提高驾驶人员的工作效率。通过甩挂运输的可持续性发展,能够切实给企业带来实实在在的经济效益。

③具体案例

案例1

渤海湾陆海甩挂:烟台——大连

项目背景:渤海湾烟大航线是我国"五纵五横"综合运输大通道中最长一纵,海上航距89海里(合165km),历来被称为渤海湾"黄金水道",是我国最具备陆海甩挂运输条件的线路。项目主要内容:2007年,烟台至大连航线首例陆海"甩挂"运输尝试成功。2008年2月,山东省交通厅确定烟大航线为陆海联运"甩挂"试点。2011年,被中国交通运输部、国家发改委列入国家级试点项目。

项目实施情况:"甩挂"运输在渤海湾烟台至大连航线滚装运输中的比重不断增大,"甩挂"货运车辆自开通以来已经突破4万辆次。项目的实施解决了山东半岛与东北地区之间货物运输必须绕行山海关1400km以上路程的制约瓶颈,打通了两地间物流通道,加速东北、华东地区物资流动,对拉动区域经济发展发挥了重要作用。

节能增效评价:节能环保评价:烟大航线全年运输能力可以达到84万辆车,主要分布在山东、辽宁两省。按单台甩挂载重40t计,百公里油耗0#柴油40升计,依据车辆不同始发地、目的地,对比陆路运输CO_2减排测算,甩挂运输节省燃油全年可减少排放94万吨。经济效益评价:以"上海-大连"为例,相较于陆路一般货运方式,甩挂运输节省费用2105元,节省里程960km,节省时间2天。

案例 2

福建某物流集团陆路甩挂

项目背景: 福建某物流集团主要从事普通货物运输和仓储配送等物流服务,自备专业车队。多年来,公司长途运输一直沿用单车运输模式,等待装卸时间较长、工作效率低。

项目主要内容: 2007 年起全面推行甩挂运输作业模式。2009 年来,陆续投资近 1 亿元,按 1:3 的比例配挂车,在福州至北京、天津等 15 条线路开展双向点对点甩挂运输;同时大力推进网点、场站建设,实现长距离网络化干线运输。

项目实施情况: 2009 年利润比 2008 年增长 124%,节约 2344.43t 标煤,减少 CO_2 排放 5082.73t;原来从福州到北京,单程运行时间 43~45h,油耗约 42L/100km,单车每月最多往返四次,变为单程运行时间 30h,油耗约 37L/100km,单车每月最多往返六次,与 2008 年相比,年利润增长 89%。

节能增效评价: 项目节能与环保潜力评价方面:与传统运输模式相比,2010 年实现同比节能 6121.50t 标煤,减少 CO_2 排放 13271.42t。

项目经济效益评价方面:项目实施后,企业利润连年增长,2010 年甩挂运输车辆月单车利润比一车一挂增长了 266.67%;同时,完成相同周转量所需牵引车数减少三分之一;减少社会资源浪费,社会经济效益显著。

2.甩挂运输可持续性分析

(1)甩挂运输组织原理

首先,由一辆半挂牵引车拖带半挂车由装货(或者卸货)点 A 向卸货(或者装货)点 B 运送货物。假设一辆牵引车配有三辆挂车(分别是挂车①、挂车②、挂车③),在某一时段,装满货物的挂车①由牵引车拖带从点 A 向点 B 运行。与此同时,挂车②在点 B 卸货(或者装货),挂车③在点 A 装货(或者卸货)。当牵引车拖带着挂车①到达点 B 时,设挂车②已被装满,这时将挂车①与牵引车分离即卸下挂车,并将牵引车与挂车②结合(即挂上挂车),然后拖带挂车②从点 B 向点 A 运行,此时卸货(或者装货)点 B 组织挂车①的卸货作业。当到达 A 点时,设挂车③已装满货物,这时将挂车②与牵引车分离,并与挂车③结合,然后再拖带挂车③从 A 点向B点运行,此时装货(或者卸货)点A组织挂车①的卸货作业,进入下一个循环,如此周而复始如图2所示。

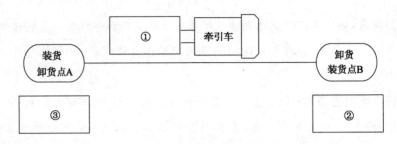

图2　汽车甩挂运输组织原理图

(2)实施过程

甩挂运输的实质,就是利用牵引车拖带一辆挂车在线路上运行的时间,来完成被甩下的挂车的装货和卸货作业。甩挂运输的运行组织方式,可以使载货汽车(或牵引车)的停歇时间缩短到最低限度,从而可以最大限度地利用牵引能力,提高运输效能。在同样的条件下,甩挂运输与定挂运输相比有较高的运输效率。

目前,甩挂运输的组织实施过程的主要形式包括"一线两点、一端甩挂","一线两点、两端甩挂","一线多点、沿途甩挂","运输网络、循环甩挂"。甩挂运输的组织实施过程和甩挂运输的实现方式密切相关。

(3)甩挂运输可持续性分析

甩挂运输由于采用了汽车列车及装卸甩挂,相对于单车货运而言,甩挂运输优势典型表现为节能减排增效。

①汽车列车特点带来的效应

不同车型在占比、容积及空间利用、能耗和排放上均有差异,体现出不同的社会经济效益。如表1所示。

表中的各项指标,汽车列车的体现都是最优的。

②装卸甩挂特点带来的效应

装卸甩挂特点带来的效应体现如下:

增加牵引车的纯运行时间,提高工作车时利用率,大幅度提高车辆运输生产率。

不同类型车辆社会效应比较   表1

车辆种类	厢式小货车	轻型货车	中型货车	重型货车	卡车与挂车
重量比/装载效率					
总重（kg）	3500	7500	15000	24000	40000
载重（kg）	1600	4400	10500	17500	30400
载重/总重比	0.46	0.59	0.70	0.73	0.76
容量道路利用					
容量（m^3）	7.34	32.86	51.93	60.44	98.83
道路占用（m^2）	47.51	78.60	103.71	115.89	168.00
卸货所需空间	6.47	2.39	2.00	1.92	1.70
能耗和排放					
柴油百公里吨	61	32	23	18	14
CO_2 克公里吨	153	82	59	45	36

资料来源：2012 中国国际物流交通博览会 GrüneLogistik in sichschnellentwickelndenLändern: ErprobteLösungen und Zukunftsvisionen

在完成同样运输量情况下，甩挂运输能够减少牵引车的数量，从而大幅度降低牵引车的购置费用和运行费用，减少车辆对道路的占用，减轻道路交通压力，降低能源消耗，减少汽车排放污染。

由于牵引车数量减少，企业可以减少雇用驾驶员的数量，从而减少劳动力消耗及相关费用支出，提高劳动生产率。

促进道路运输与铁路运输、水路运输多式联运的发展，充分发挥各种运输方式的技术经济优势；可以减少货物装卸作业，提高铁路车辆和轮船的装卸效率，并且可以提高其容积利用率。发达国家从20世纪40年代就开始多式联运。重庆也在积极探索水陆甩挂运输模式。

能够合理协调货物运输与装卸作业的时间，提高物流作业速度，全面提高物流效率。

可以促进物流配送中心和货物站场等物流节点的建设与发展，推动集约化、规模化，提高物流服务能力与水平。

③甩挂运输社会经济效益的实际体现

从国外的发展经验来看,发展甩挂运输,在提高运输效率、降低物流成本、促进节能减排等方面的优势非常显著。以美国为例,甩挂运输带来的效益,相对于单车货运而言,节约运输成本20%~30%,减少道路交通量达85%,单位油耗只有单车的31%~46%。

据国家统计局资料分析,我国发展甩挂运输,可以降低全行业的能源消耗和污染排放。如果全国道路货运业甩挂运输周转量比重提高到10%,每年可节省燃油折合300万~400万吨标准煤,相应减少CO_2排放650万~850万吨。

通过对福建、浙江、山东等地物流企业的调研,了解到企业采用甩挂运输后可提高效率30%~60%,降低成本10%~20%,减少油耗15%~20%。

三、甩挂运输的实现方式

对于道路货运而言,运输货物的种类典型表现为:整批货物、零担货物和集装箱货物三种类型。

1.整批货物甩挂运输组织

整批货物是指一次托运量在3t以上,或虽然不足3t,但其性质决定需要一辆整车运输的货物。一般情况下,适宜在装货点和卸货点两端都进行甩挂作业,即"一线两点、两端甩挂"的组织方式(图3)。

对于整批货物的长途运输和短途零散客户的货物运输,一般不适宜采用甩挂运输。

2.零担货物和快件货物的甩挂运输

零担货物是指一次性托运量低于3t的一种道路货运形式。快件货物是指对时效性要求比较高的零担货物运输。近年来,随着电子商务的发展、商业形态逐渐由实体转向虚拟,快件货物运输的需求呈上升趋势。共同的特征:量小、种类及批次较多、到达地分散。

零担货物运输和快件货物运输属于网络化运输组织形式,我国大多数零担和快运企业都采用分级制网络结构,即按地理位置和物流吞吐量多少将运输站点分为不同级别。甩挂运输的组织形式,可根据运输线路的类型选择"一线多点、沿途甩挂"或"循环甩挂"等形式(图4)。

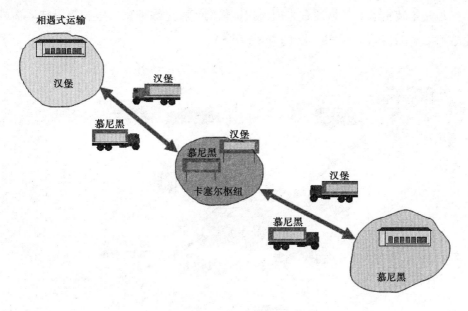

图3　两端甩挂——碰头运输

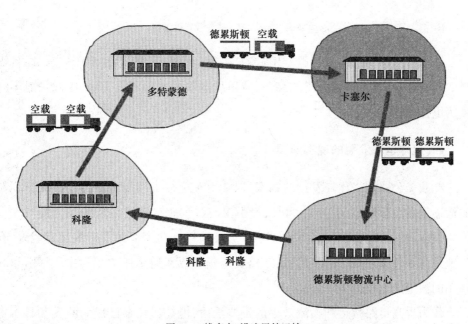

图4　一线多点、沿途甩挂运输

3.集装箱甩挂运输组织

道路集装箱运输是最适宜采用甩挂运输的一种运输类型。集装箱甩挂运输可采取"两端甩挂"或"一端甩挂"的方式(图5)。

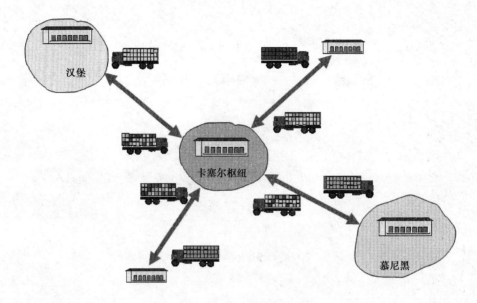

图5 两端甩挂——轮毂式运输

对于特殊货物运输和各类专用运输,一般运输量较少,运输距离较远,而且需要专用的挂车结构,购置费用较高,开展甩挂运输的效果不很明显,因此一般不宜采用甩挂运输。

四、甩挂运输发展的现实问题

在欧美公路网络比较发达的国家,以牵引车拖带半挂车组成的半挂汽车列车的运输量占总运输量的70%~80%,牵引车与挂车拥有量之比普遍达到1∶2.5以上。但在我国目前除东部沿海主要港口集装箱运输和少部分零担快运专线外,在其他地区和领域还处于起步阶段,道路货运仍然以普通单体货车为主。牵引车和挂车的数量之比仅为1∶1.13。

作为提高道路货运和物流效率的重要手段,甩挂运输早已成为欧美和日本等发达国家和地区的主流运输方式。我国虽然自2010年底就开始推行甩挂运输试点,但由于多种因素制约,一直未能取得突破性进展,发展仍然步履蹒跚。要实现甩挂运输的可持续性还存在很多的现实问题,如车辆保险问题、车辆报废年限问题、车辆标准问题、场站建设问题、养路费征收问题,同时在管理制度和政策法规方面也有一些不足的地方。

1. 车辆保险问题

自《道路交通安全法》出台后,挂车要单独上牌,保险也就从牵引车上分离开,甩挂运输的牵引车和半挂车须分开投保,且半挂车要独立承担风险责任。这不仅加重了企业负担,而且混淆了事故主体。具体体现在:

(1) 投保方式不合理。要求牵引车和挂车分别投保交强险,不符合甩挂运输的生产特点。在生产运行中组成的"一拖一挂"汽车列车,实际上相当于一台载货汽车。牵引车不管配备多少挂车,上路行驶时都是"一拖一挂",相当于一辆货车。因此,应当将"一拖一挂"形成的汽车列车作为一个整体投保交强险。

建议措施:把挂车与牵引车的交强险合并,只按牵引车来投保交强险。

(2) 费率过高。没有足够的证据证明,甩挂运输过程中牵引车和挂车形成的"一拖一挂"汽车列车事故率比普通货车更高,但其交强险的费率却高于对应载量货车近8成。

建议措施:对甩挂运输中"一拖一挂"汽车列车的交强险的费率,应当比照同等载量的货车确定。

(3) 投保不赔付。要求牵引车和挂车都投保交强险,但发生事故赔付时却不能累加赔付。也就是说,其中有一辆车是只投保无赔付的。这种"收钱不赔付"的做法显然是毫无道理的。

建议措施:简化投保,降低费率标准,甩挂运输车辆在运输过程中发生事故赔付时,对牵引车和挂车作为一个整体进行赔付。

2. 车辆报废年限问题

按照目前《道路交通安全法》的有关规定,挂车报废年限与牵引车的报废年限一致,均为15年。但由于挂车是轮流上路,总行驶时间和里程远远少于牵引车,使用寿命要比牵引车长。对于挂车、半挂车使用年限的过短限制,增加了企业运作成

本和负担,浪费了社会资源,也不利于集装箱行业和甩挂运输的发展。我国的汽车强制报废制度,一直采用以使用年限为主、使用里程为辅的方式,这一限制对于甩挂运输显得过于苛刻,不符合节约资源的原则。

目前,主要汽车工业发达国家并未规定牵引车和挂车强制报废的使用年限或行驶里程数量,而是利用对车辆定期检查的结果,从经济角度引导用户或企业自愿报废车辆。例如在美国,不强行规定牵引车和甩挂车的报废年限,但每年都要对车的综合性能进行年检,有的挂车使用年限已经超过 20 年。在欧洲,技术服务机构定期对车辆进行检查,通过检查就可继续使用,否则就要修理后再次检查。我国单纯仅从年限来考虑强制车辆报废这一做法过于简单,发达国家这些做法给我们提供了值得借鉴的经验,可供我国在即将出台的《机动车强制报废标准规定》来合理采用。

建议要更多地从实际车况角度出发,制定更加科学合理的报废、处理措施。

3. 车辆标准问题

甩挂运输要"甩"起来,需要牵引车与挂车之间频繁摘挂组合,这对车辆标准化要求很高。迄今为止,我国还没有建立一个统一的标准。由于牵引车与挂车之间的链接和匹配缺乏技术标准规范,导致经常出现"挂不上、拖不了"的现象,客观上也制约了大范围的灵活甩挂作业。

我国目前的货运车辆技术状况普遍不佳,车型庞杂,牵引车和挂车数量明显不足;已有的甩挂车辆标准化程度低,相互之间不能自由匹配,出现"挂不上、拖不了"的情况;运力结构不合理,牵引车和挂车比仅为 1∶1.13,拖挂比明显偏低,车辆配备难以满足需求,甩挂运输对车辆配备具有较高的要求。

这就迫切需要相关政府机构出台相关政策来指导车辆生产企业规划生产,使车辆的技术标准做到、通用统一、快捷简单。例如:在技术上,需要标准化的车辆配备,确保不同的牵引车和挂车之间能够自由组合;在数量上,需要牵引车和挂车配比要达到 1∶3 左右,从而实现"一拖"配"多挂"的运力优化;甩挂运输首先要保证牵引车与挂车快速、正确、安全地甩开和挂上,同时还要考虑用于甩挂运输的各种牵引车和挂车都能正确连接上;应保证牵引车和挂车的牵引鞍座通用及甩挂的简单操作,同时还要考虑制动气管连接的通用性和连接的简单操作。

4. 场站建设问题

场站标准化是发展甩挂运输的基本前提。长期以来,国家在货运场站建设方面投入资金较少,特别是自2005年以来,国家基本上没有投入,造成货运场站建设严重滞后,客观上制约了甩挂运输的发展。

货运场站是甩挂运输组织的中心,是甩挂运输赖以生存的基础。甩挂运输对道路货运场站的数量、布局和服务功能都有较高的要求,目前我国的货运场站难以满足服务需要。一是货运场站数量难以满足甩挂运输需要。我国现有道路货运场站3104个,数量明显不足。二是货运场站布局难以满足需要。大部分场站规划选址不合理,远离货源,远离市场,没有很好地与周边集疏运网络衔接,造成甩挂运输服务供给和市场需求矛盾。三是货运场站服务功能难以满足需要。已有的货运场站中,达到一级货运站仅有234个,二级货运站279个。货运场站普遍存在规模偏小、设施设备简陋等问题,无法满足甩挂运输的仓储、装卸搬运、配载、装箱、包装乃至汽车检修和商检等一系列服务,成为制约甩挂运输发展的重要因素。

5. 养路费征收问题

目前,国内与甩挂运输相关的法律法规和养路费收缴的相关政策如下:

首先,《中华人民共和国道路交通安全法》中明确了挂车、半挂车属于机动车范畴;其次,1992年1月1日生效的《公路养路费征收管理规定》中明文规定,领有号牌的挂车应缴纳养路费。这样就造成了牵引车和挂车重复缴纳养路费的局面。目前,虽然各省养路费的征收标准和办法不同,但都规定对每台牵引车和挂车都单独征收养路费,牵引车一般按车辆自重的1/2征收,而只有部分地区对挂车给予优惠。这样的做法不符合按照对公路的占用程度收取养路费的原则。

据了解,多年来厦门、上海、山东、广东、深圳、大连等地的道路运输企业,特别是集装箱运输企业不断反映,目前实行的牵引车和半挂车重复征收养路费的方式,严重影响甩挂运输的发展。由于一台牵引车一次只能牵引一台半挂车上路行驶,建议养路费按牵引车征收或直接实行燃油税。据社会调查,80%的民众拥护燃油税,是因它公平、公正,真正体现"多走路多交费,少走路少交费,不走路不交费"。但这些合理的建议,多年来不仅没有得到解决,反而不合理的现象有继续蔓延的趋势,有关方面似乎没有改变养路费政策的意图。人们不禁感叹:"养路费养人不养路"。

6.在管理制度方面也有一些瓶颈

首先,牵引车拖带挂车运营需要办理的证件多且繁琐。因甩挂运输技术标准未健全,车主还常因"超限"受罚,这些都成为甩挂运输快速发展的瓶颈。对挂车的年度安全检测要求和牵引车一样,一般一年需要办理的各种年审手续包括:一次年检,三次季度检,一次营运检。据测算,如果1台牵引车配4台挂车,全年车辆检测大约需要占用牵引车28个工作日,显然这不利于甩挂运输的发展。

其次,存在牵引车和挂车的所有权问题。当一个单位的牵引车甩挂本单位的挂车时,不存在挂车归属和所有权问题。但甩挂运输不仅要甩挂本单位的挂车,还要甩挂别的单位的挂车。这样挂车在运输周转过程中就存在挂车所有权问题。同时还存在空载挂车返回本单位问题。还有就是我国的海关监管以集装箱牵引车为监管对象,并将牵引车、半挂车、集装箱视为一体化组合进行监管,不允许牵引车、半挂车分离,而且集装箱的海关报关检验需要较长的等待时间,这也在一定程度上限制了甩挂运输的发展。

最后,目前甩挂运输存在法规制度还不健全、扶持政策还不全面、市场主体还不适应、设施设备还不完善等瓶颈。例如甩挂作业场地建设用地比较紧张,企业组织化、集约化程度低,企业融资难等突出问题。甩挂运输要保持其可持续发展,政府和企业需要将其作为一项系统工程来建设,进一步针对上述存在的问题,理清思路,制定更加大胆的鼓励政策和解决措施,逐步形成支持甩挂运输发展的长效机制和良好发展环境。

由于甩挂运输是一种先进的运输组织方式,适宜于运量规模较大,网络化经营的货物运输,除了运输组织与管理因素之外,一些诸如信息传输,车辆跟踪与调度等技术手段也是影响甩挂运输效果的重要因素。我国运输企业市场集中度低、企业规模小,在组织规模化与网络化的运输方面技术手段缺乏,难以适应甩挂运输的技术要求,由于技术手段的落后,也影响了甩挂运输的优势发挥。

五、实现甩挂运输可持续性发展的对策建议

目前涉及甩挂运输的政策规定,从实际效果看,总体上限制的条款多,鼓励的

力度小。要实现甩挂运输的可持续性,建议通过以下途径:

1. 加强对甩挂运输车辆的科学管理

(1)甩挂运输车辆须由牵引车和挂车组成。目前,对挂车的管理已成为发展甩挂运输的焦点问题。《道路交通安全法》把挂车确定为机动车,要求登记注册、申领号牌,有利于对挂车的管理。但是在甩挂运输中,在养路费、交强险、车辆报废、年检等方面,以挂车领取牌证为由,对挂车简单地按照机动车做出规定,就忽视了甩挂运输的特点,既脱离实际,也不合理。因此,对目前涉及甩挂运输车辆的有关管理政策,应当彻底改变对挂车的管理办法,按照以牵引车为主,以挂车为辅的原则进行调整。

(2)调整有关挂车管理的政策规定。重点是调整挂车的证件、年检、报废年限三个问题。按照简化挂车证件、减少挂车年检次数、适当延长挂车报废年限的原则,研究提出具体的调整政策和办法。

(3)组织力量研究修订或制定有关甩挂运输的行业标准。在新的标准出台之前,可以暂允许40英尺的挂车装载45英尺的集装箱。

2. 从养路费和交强险的调整入手,制定鼓励发展甩挂运输的政策措施

(1)调整养路费的征收方式和标准

把调整养路费作为发展甩挂运输的切入点,主要有两个原因:一是对挂车单独征收养路费是当前影响甩挂运输发展的首要因素,抓住这个主要矛盾,就可以加快甩挂运输发展;二是甩挂运输和养路费都由交通部门主管,这两方面的关系基本上在行业内部就能够妥善协调处理,比较容易实施。具体如下:

调整养路费的征收方式和标准的基本原则:按照"一拖一挂",并给予适当优惠鼓励确定征收标准;保持养路费的总量基本稳定;鼓励使用交通运输部推荐的车型,促进运力结构调整;治理超限超载,防止弄虚作假;简化手续,方便操作。

征收方式:将原来对牵引车和挂车单独征收养路费,改为将挂车养路费合并到牵引车,统一对牵引车征收,对挂车不再单独征收。

征收标准:养路费征收标准由车辆载重(吨)和单位载重(吨)费率两部分构成。建议牵引车单位载重(吨)的养路费费率,仍由各省自定;养路费征收的车辆载重,由交通运输部统一确定全国通用的标准,或者由各省按照交通运输部的统一要求分别确定。

(2)调整挂车交强险的征收方式和标准

参照挂车养路费征收的调整办法,将对牵引车和挂车单独征收交强险,改为只按牵引车征收交强险,不管配备多少挂车,都不再单独征收交强险;牵引车的交强险费率参照"一拖一挂"与同等载重的货车,并适当给予优惠鼓励进行调整。

3.运用典型示范、运营试验,推动甩挂运输快速发展

目前,许多大中型运输企业(特别是沿海地区的集装箱运输企业)都有发展甩挂运输的迫切要求和积极性。建议借鉴国家发改委组织物流企业开展物流试点的经验,组织若干有条件的运输企业开展甩挂运输的试点或示范工作,通过企业的实际运营,来试验政府拟采取的有关鼓励发展甩挂运输政策措施的可行性,调动道路运输企业开展甩挂运输的积极性,运用典型示范的力量在全国推动甩挂运输。

关键词:

(1)甩挂运输

(2)可持续性

(3)节能增效

(4)拖挂比

(5)整车运输

(6)零担运输

(7)集装箱运输

思考与讨论:

(1)拖挂比例怎样影响甩挂运输效率?

(2)对于整批货物的长途运输和短途零散客户的货物运输,为什么一般不适宜采用甩挂运输?

(3)福建某集团"节能增效"效益的获得路径。

参考文献:

[1] 交通运输部.甩挂运输试点工作实施方案,交运发[2010]562号.

[2] 高洪涛,李红启. 道路甩挂运输组织理论与实践[M]. 北京:人民交通出版社,2010.

[3] 孙启鹏,综合运输理论与方法——运输方式动态技术经济特性[M]. 北京:经济科学出版社,2010.

[4] 荣朝和,综合交通运输体系研究——认知与建构[M]. 北京:经济科学出版社,2013.

[5] 中华人民共和国财政部经济建设司,我国公路甩挂运输发展现状及政策建议[EB/OL] http://www.chinahighway.com/news/2013/765913.php,2013-07-26.

[6] 甩挂运输[EB/OL],http://baike.sogou.com/v7877549.htm.